KB143074

상속세를 폐하라

코리아 디스카운트의 주범

상속세를 폐廢하라

서채종

(상속세폐지 범국민운동본부 대표)

글통

[서문]

“물려받을게 많은가 보네?”

내가 상속세 폐지운동을 하겠다고 주변 사람들에게 얘기를 꺼냈을 때 10명 중에 7~8명은 다 똑 같은 첫 반응을 보였다.

“부모님한테 물려받을게 많은가봐?”

이런 소리를 들을 때 마다 나는 ‘상속’과 ‘상속세’에 대해 한국 사회에 뿌리 깊게 자리 잡은 고정 관념을 실감했다.

우리나라는 평등관념이 강한 나라다. 우리나라 상속세율이 세계 최고 수준인 것도 대한민국 특유의 평등관념과 관련이 깊다.

한국 사회는 상속에 대한 폭력적인 시선을 기본적으로 깔고 있다. ‘부모 잘 만나서 공짜로 물려받은 재산 정도는 국가가 조금 무자비하게 뺏어가도 상관없다’는 생각이 광범하게 자리잡고 있는 것이다. 나는 이 오랜 관념을 이제 원점에서 다시 생각해볼 때가 되었다고 생각한다.

상속세에 관심을 갖게 된 계기

나는 은행에서 30년 동안 근무했다. 창구에서 일하던 무렵 한 가지 느낀 점이 있다.

어르신들이 돌아가시면, 망자의 유족들이 5년이나 10년치 은행 계좌의 거래 내역을 받으러 온다.

돌아가신 분이 생전에 자식들한테 이체한 금액을 세무서에서 증여로 간주하려고 세무당국이 요구한 서류이다. 부모님이 돌아가셔서 경황이 없는 와중에도 가장 먼저 하는 것이 서류를 떼러 은행에 들리는 일이다. 그 모습을 보며, 상속세가 매우 비인간적인 세금이라는 생각이 들었다.

상속세 대해 본격적으로 관심을 갖게 된 계기는 주식 투자 때문이었다. 은행원으로서 본업이 있었기 때문에 대규모 주식투자를 해보지는 못했지만, 기본적으로 저평가된 주식종목을 찾아보고 일정 범위 안에서 장기투자를 해보려는 생각을 갖고 있었다.

당시 내가 보기에는 '삼성물산' 주식이 투자 대상으로 상당한 매력이 있어 보였다. 책에 나오는 다양한 주식평가의 기준들을 적용해 봐도 삼성물산의 당시 주가는 가히 불합리하다고 할 정도로 너무나 낮은 수준이라고 생각한 나는 약간의 자금으로 주식투자를 실행에 옮겼다.

하지만 주가의 흐름은 계속해서 나의 기대와 반대로 나아갔다. 특히 제일모직과 삼성물산의 '합병'이 발표되면서 오히려 주가가 끊임없이 빠졌다. 나는 버티고 버티다가 결국 손절하고 말았다.

그 이후로 국가경제와 증권시장의 관계에 대한 궁금증은 점점 더 커지기 시작했다. 도대체 손절 사태의 원인이 무엇일까? 왜 이론상 매우 저평가된 우량주들이 이토록 처절하게 부서지는 것인지? 본격적인 탐구와 학습에 나섰던 것이다.

이 과정에서 나는 이 모든 사태의 근본적인 배경에 '상속세'가 있다는 판단을 하게 되었다. 상속세가 얼마나 한국경제와 서민의 삶을 힘들게 하는지? 인식하게 된 것이다. 상속세의 본질은 정부의 재정활동을 통해 '국가 경제'의 일익을 담당하는 조세가 아니라 정부기구가 국민의 자유를 억압하는 강력한 규제라는 사실도 깨닫게 되었다.

평등 보다 자본의 활력이 중요하다

물론 한국인의 뿌리 깊은 평등 관념은 광복이후 새로운 나라를 건설하고, 산업화와 민주화의 역사를 헤쳐 나가는 과정에서 국가발전의 중요한 원동력을 제공 했다.

그러나 자본시장과 금융시스템이 경제성장의 견인차 역할을 하는 단계로 진입하면서 얘기가 달라졌다. '평등관념'이 국가 발전의 토대를 제공하던 시절은 이미 지나갔다.

우리가 인식을 바꿔야 할 대목은 바로 이 지점이다. 대한민국은 새로운 도전에 직면하고 있다. 미래세대가 직면할 세상은 더 많은 영역에서 더 활발한 자본의 역할을 요구하고 있다. 우리가 지금까지와는 전혀 다른 관점에서 새로운 국가전략을 고민해야 될 이유는 여기에 있다.

폐지를 주장하는 이유

이 책은 상속세와 증여세가 왜 옳지 못한 세금이며, 왜 아무런 효과도 없는 세금인지 설득하기 위해 만들어졌다.

〈상속세 폐지론〉은 부유층의 세금을 깎아주자는 부자감세 차원의 주장이 아니다. 〈상속세 폐지론〉은 소유의 사적 성격을 보장하기 위해, 가족내부의 경제력 이동은 원칙적으로 과세대상이 되어서는 안된다는 당위론에서 출발한다.

무엇보다 〈상속세 폐지론〉은 '코리아 디스카운트'를 차단하고 자본의 역동성을 보다 원활하게 하여 국가경제 전체의 활력을 높이자는 전략적 판단에 근거하고 있다.

나는 이제 기쁜 마음으로 모든 논쟁에 참전할 준비가 되어있다.

상속세는 더 이상 '평등'으로 가는 열차가 아니다.

상속세는 단지 경제 주체들의 행위를 왜곡 시켜 역효과만 키우고 경제의 변태성만 심화 시키는 악마의 저주일 뿐이다.

상속세는 국민을 억압하는 거대한 틀이다. 상속세가 존재하는 한 열심히 일하는 성실한 납세자들은 일생동안 정부의 감시대상이 될 뿐이다.

이제 낡고 빛바랜 '평등에 관한 고정관념'을 180도 바꿔야 한다. 긴 시간 동안 우리의 머릿속을 지배해온 오래 된 세계관을 바꿔야 한다.

오히려 '자본의 족쇄'를 풀어주는 과감한 전략을 선택해 더 큰 국민의 자유를 꿈꿔야 한다.

나는 이것이 평등의 기관차를 타고 자유의 광장을 향해 힘차게 전진할 수 있는 대한민국의 차세대 경제전략이라고 확신한다.

자유로운 국민이 만드는
부강한 대한민국의 미래를 꿈꾸며

서 채 종

| CONTENTS |

| CONTENTS |

코리아 디스카운트의 주범

상속세를 폐廢하라

상속세의 저주에 걸린 한국경제 구출작전

“

상속세는 옳지 못한 세금이다.

소유권의 본질을 위협하기 때문이다.

”

1부

옳지 못한 세금

상속세는 '세금' 이기 전에 '형벌'이다. 자신의 유전자를 계승한 자식세대에게 평생 축적한 부를 넘겨 줄 수 없도록 약탈적 징벌을 가하는데 초점이 있기 때문이다.

01
사상 최악의 세금

한국의 상속세는 표면상 '조세'의 형식을 띠고 있지만, 실제로는 상속을 차단하기 위한 형벌에 가깝다. 특히 대기업 경영권의 세대간 이전이 거의 불가능에 가깝도록 설계되어 있다. 상속세 자체가 죽은 사람의 경제적 성과물을 국가가 합법적으로 약탈하는데 초점을 맞추고 있기 때문이다.

우리나라 상속세를 사실상의 '상속 차단세'라고 보는 가장 큰 이유는 우선 '약탈적 세율' 때문이다. 2023년 현재 한국의 상속세 최고세율은 50%다. 이는 OECD 회원국 중에 일본(최고세율 55%)에 이은 2위 수준의 수치이다.

그런데 문제는 우리나라의 경우, 최고세율 50% 위에 플러스

알파가 더 있다는 점이다. 바로 '최대주주 할증'제도다. '최대주주 할증평가' 제도는 상속재산이 최대주주의 지분일 경우 30억원을 초과하는 지분에 대해 50%의 상속세율 외에 추가로 주식 평가액의 20%를 세액으로 할증하는 제도다.

시가로 측정된 주식 평가액의 20%에 세율(50%)을 곱한 만큼을 할증하기 때문에 사실상 세율을 10% 인상하는 효과가 있다. 이 때문에 실질적인 우리나라 최고 상속세율은 60%나 다름없다. [1]

바로 이 할증 제도 때문에 대한민국의 상속세 최고세율은 사실상 세계에서 가장 높은 수준으로 평가 받는다. OECD 회원국 가운데 이런 식으로 상속세에 일률적으로 가산세를 붙이는 나라는 한국이 유일하다. 우리나라는 '노인 자살률 세계1위' 외에 '상속세율 세계1위'라는 타이틀도 갖고 있는 셈이다.

더 큰 문제는 상속세의 과세표준을 계산 하는 방법이다. 일본의 경우 상속을 받는 사람이 '받는 만큼만' 부담하는 유산취득세 방식을 취하고 있는 반면, 한국은 죽은 사람이 남긴 재산 전체에

---

1 매출액 5000억원 미만 기업의 경우 이 조항의 적용을 받지 않는다.

과세하는 유산세 방식을 취하고 있다.

이 때문에 한국의 상속세는 실질적으로 세계 최고 세율인 일본 보다 훨씬 가혹한 세금이라고 할 수 있다.

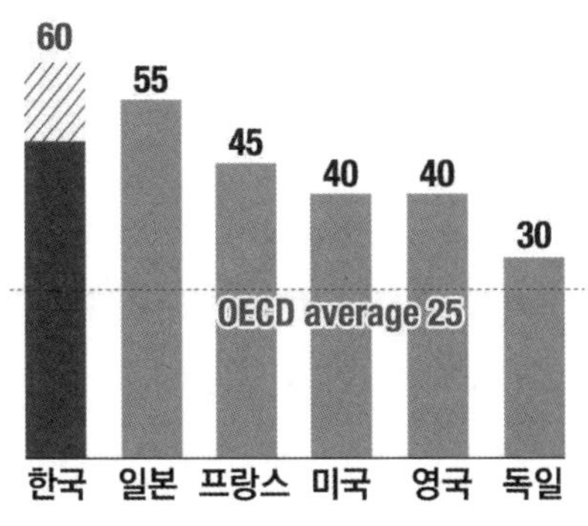

세계 최고, 한국의 상속세율

사상 최대의 상속세

세계 최악의 세율을 자랑하는 만큼 실제로 세계 최고액의 상속세를 부담하는 사례도 대한민국에서 나왔다. 고(故) 이건희 삼성전자 회장의 유족은 2021년, 국세청에 약 12조원의 상속세를 신고했다.

스티브잡스 사망 당시 유족이 냈던 약 3조 4,000억원과 비교해 볼 때, 대략 3배가 넘는 금액의 세금을 낸 것이다. 이 때문에 월스트리트저널(WSJ)은 "삼성이 부담하는 상속세는 세계 최대 규모"라고 보도하기도 했다.

상속세율 90%로 시작하다

한국의 상속세는 출발 자체가 매우 특별하다. 우리나라 상속세법이 처음 만들어진 것은 이승만 대통령 시절이던 1950년 3월이다. 이때 상속재산 규모에 따라 15단계로 구간을 나눠, 20%~90% 초과누진세율 [2] 을 적용했다. 처음 설계 될 때부터 상속세의 최고 세율은 무려 90%에 달했던 것이다.

상속세 최고 세율은 박정희 대통령 시절 이던 1970년대 70% 수준으로 다소 낮아졌지만, 이 역시 매우 높은 세율이 아닐 수 없었다. (이는 1988년에 55%로 다소 떨어졌다가, 1993년에 이르러 현재와 같은 50%로 정착했다.)

---

2 각 과세표준 구간을 초과한 금액에 대해서만 누진세율을 곱하는 방식

세율이 90%~70%에 달한다는 것은 여러 가지 납세관련 수반 비용을 고려해 볼 때 사실상 사망자가 남긴 재산의 대부분을 국가가 가져가는 것과 마찬가지 의미라고 할 수 있다.

상속 자체를 부정하는 상속세

왜 이렇게 가혹한 세율을 설정했을까? 과세기반이 미흡했던 당시의 상황에서 과세의 효율성 때문인 측면도 있겠지만, 이는 한국인이 갖고 있는 고유한 '평등개념'에 근거한 설계라고 볼 수 있다.

상속받은 재산은 '자기 노력없이 부모 잘 만나서 공짜로 얻은 부와 재물이기 때문에 국가가 좀 뜯어가도 상관없다!'는 공적 약탈에 관한 사회적 공감대가 은연중에 존재했던 셈이다.

현재 우리나라의 상속세는 이렇게 70년 전에 설정된, 노력없는 부의 세습에 대한 강력한 차단의지가 그대로 적용되고 있다. 최초 90%로 시작해, 현재에도 60%에 달하는 상속세 최고세율은 상속세의 목표의식이 '사실상의 상속 차단'에 있음을 여실히 보여준다.

이런 현상은 '90년대에 들어서서 뚜렷한 경향성을 보여준다. '91년 상속세법 개정취지에 "고액 상속재산에 대한 사후관리 강화"라는 문구가 등장한다. 이후 공익법인을 통한 상속을 엄격하게 제한하고, 실권주와 비상장주식을 통한 증여 등 자본거래에 의한 상속 또한 엄격하게 제한하게 된다. 2004년에는 〈증여세 완전포괄주의〉를 도입하여 세제를 통한 상속제한에 절정을 이룬다. 이후에는 독점규제 및 공정거래에 관한 법률을 통하여 기업의 상속과 승계을 제한하려 하고 있다. (부록참조)

이렇게 대한민국이 상속과 경영권 승계 자체를 막으려는 것과는 반대로 외국의 상속세는 상속과 승계를 폭넓게 인정하고 있다. 미국의 경우 공제한도가 약 300억원에 이르고 기업의 경우도 공익재단을 통한 승계를 허용하고 있다.

최근 상속세 폐지 움직임을 보이고 있는 영국도 상장주식의 경우 50%를, 비상장주식의 경우 100%를 공제하고 독일의 경우도 일정 조건하에 85%, 100% 공제를 해주고 있다. 이는 상속세를 상속과 승계를 차단하기 위한 제도가 아니라, 실질적인 세금으로 운영하겠다는 의지라고 볼 수 있다.

하지만 우리의 상속세는 상속차단이나 부의 대물림 방지 같은 취지에 여전히 목매고 있다. 앞으로 살펴보겠지만, 이렇게 부모 세대에서 형성된 부를 자식세대로 이전하지 못하게 약탈적으로 과세하는 것은 재산권의 본질을 위협하는 일이다.

02
현물로 상속받고, 현금으로 세금 낸다

상속세의 문제 중에, 약탈적인 상속세율보다 더 큰 문제는 세액을 계산하고 납부하는 정산방식의 문제이다. 현재 우리 상속세는 현물자산을 상속받을 경우, 이를 시가로 계산한 뒤, 세금은 현금으로 납부하게 되어있다.

예를 들어 부동산과 주식을 상속 받으면, 해당 자산의 시가를 따져 그 만큼의 현금을 상속받은 것으로 간주하고, 여기에 세율을 곱해서 세액을 산출한다. 즉 유족은 주식이나 주택 등 현물로 상속을 받더라도, 상속세는 현금으로 내야 한다. 단적인 비유를 들자면, 가방을 물려받았는데 상속세를 내기 위해 가방을 팔아야 한다는 얘기다. (즉 물려받는 의미가 없어진다.)

아직 이익 실현이 안 된 실물자산을 현금가액으로 평가해 이를 과세한다는 것은 망자(피상속인)의 사망 시점에 상속인들이 별도로 현금을 조달해야 한다는 것을 의미한다.

이 문제가 왜 심각한지 생각해보자. 예컨대 주식으로 상속받는 경우, 국세청이 상속세를 부과하려면 일단 상속받은 주식이 도대체 얼마짜리 주식인지를 확정해야 한다. 즉 상속가액의 정리문제가 우선 필요하다.

상속세법에 따르면, 상장주식의 상속가액은 상속개시일 이전 2개월부터, 이후 2개월 까지 총 4개월 동안 거래소 종가의 평균액으로 산정한다. [3]

2020년 10월25일에 별세한 이건희 회장의 경우, 10월23일을 보유 주식 평가 기준일로 삼아 8월24일부터 12월22일까지 4개월간의 종가 평균으로 주식 상속가액을 산출했다.

이 기간 동안 이건희 회장의 종가 평균액은 삼성전자 6만2394원, 삼성전자 우선주 5만5697원, 삼성SDS 17만3048원, 삼성물산 11만4680원, 삼성생명 6만6276원 등으로 계산되어

---

3 「상속세 및 증여세법」상 상속·증여세가 부과되는 재산의 가액은 그 당시의 시가(時價)에 따른다.

결국 보유주식 상속가액이 18조9633억 원으로 산정되었다. 문제는 이러한 계산 끝에 주식분야에 대해서만 11조원이 넘는 천문학적 상속세를 '현금'으로 납부해야 되는 부담이 발생했다는 점이다.

결국 유족들 입장에서는 당장 팔수도 없는 주식을 물려받았다는 이유로 거액의 현금을 마련해야 하는 난감한 상황에 직면했다.

이는 재벌기업의 대주주에게만 국한된 문제가 아니다. 개인의 경우 만약 아버지가 돌아가셔서 집을 상속받았고, 유족이 해당 주택에 그대로 살고 있는 상황이라 해도 꼼짝없이 현금을 마련해서 세금을 내야 한다. 즉 현금 마련을 위해 유족은 어디 가서 '생돈'을 구해오거나 집을 팔아야 된다. 그 때까지 잘 살고 있던 집에서 나가야 하는 것이다.

세금을 내기 위해 집을 팔아야하는 문제는 극단적인 가정이 아니다. 향후 우리사회의 큰 사회 문제가 될 수 있다. 우리나라의 경우 개인이 갖고 있는 자산의 80% 이상이 부동산 실물 자산이기 때문이다. 이렇게 가계자금의 구성이 부동산 위주로 되어 있는 상황에서 갑작스럽게 상속을 받게 될 경우 집에 현금이 없다면 무조건 집을 파는 수밖에 없다.

물납제도가 있기는 하다

물론 상속세를 현금이 아니라 현물로 납부하는 〈물납〉 제도가 상속세법에 명시되어 있기는 하다. 그러나 이 제도는 사실상 많은 한계와 허점이 존재한다.

일단 물납의 조건이 매우 까다롭다. 상속세 물납이 가능하려면 상속재산 중 부동산과 유가증권의 가액이 전체 상속재산가액의 2분의 1을 초과해야 하고, 상속세로 납부해야 할 세액이 2천만 원을 넘어야 하며, 상속세 납부세액이 상속재산가액 중 금융재산의 가액을 초과해야 하는 등 복잡한 조건이 있다. 이 요건을 모두 충족해도 관할 세무서장의 허가가 있어야 한다.

더군다나 물납의 대상으로 '상장주식'은 일단 제외된다. 현금으로의 전환이 용이해 금전 납부가 가능하다고 보기 때문이다. 비상장주식의 경우 다른 상속재산으로 상속세 물납에 충당하더라도 부족한 경우에 한해 예외적으로 인정된다.

부동산으로 물납할 경우에는 저당권, 전세권 등이 설정되어 있거나 해당 토지에 묘지가 있어도 물납이 허가되지 않는다. 임대차 계약이 체결된 부동산은 임대차계약이 종료되어야 하며, 공유지분에 의한 물납은 원칙적으로 불가하다.

다시 말해 현재의 물납허용제도는 현물상속과 현금 납세의 모순을 해결하거나, 현금을 갖고 있지 못한 납세자의 형편과 편의를 봐주는데 초점이 있는 것이 아니라 국가가 현금이 없는 국민으로부터 효율적으로 세금을 추징하는데 초점이 맞추어져있다.

정부가 게임회사의 2대주주가 된 이유

주식 물납의 대표적 사례로 게임회사인 넥슨의 사례를 들 수 있다. 넥슨그룹의 경우 김정주회장의 갑작스런 죽음으로 유가족이 거액의 상속세를 납부하게 되자 세금의 일부를 넥슨그룹의 지주회사인 NXC의 비상장주식 85만주(29.3%)로 대신 납부했다. 전체 상속세 6조원 가운데 4조7천억원을 비상장주식으로 납부한 것이다.

이 때문에 주식을 보유하게 된 기획재정부가 넥슨그룹의 2대주주로 등극하는 코미디 같은 상황이 연출되었다.

비상장주식은 시장에서 거래가 되지 않기 때문에 현금화가 쉽지 않다. 2021년 기준, 정부가 물납으로 받은 비상장주식은 300여 종목에 걸쳐, 5,000억 원 이상이다. 평균 보유 기간만 10년이 넘는다. 특히 NXC같은 비상장주식은 조 단위가 넘는 거액이라 구매자가 나타나기 어렵다. 게임업체를 운영하거나 게임개발에 나설 수도 없는 정부가 감당할 능력도 없는 주식을 잔뜩 짊어지고 있는 꼴이다.

03
상속세와 종부세는 닮은꼴

'상속세'라는 세금은 우리의 머릿속에 너무 익숙하게 자리 잡고 있고, 우리는 상속세의 존재를 지극히 당연하게 받아들이고 있다.

하지만, 조금만 생각해보면 상속세는 처음부터 과세 대상 자체가 매우 이상한 세금이다. 상속세의 과세대상은 1년간 벌어들인 '소득'이 아니고, 한 인간이 평생을 통해 축적한 경제적 성과물 전체이기 때문이다. 즉 한국의 상속세는 '소득'이 아닌 '생애재산' 전체를 과세대상으로 삼는다.

이는 현대 소득세 시스템의 근본적인 취지 자체를 부정하는 일이다.

소득세의 대원칙은 특정기간(1년)에 벌어들인 소득의 일부를 국가와 공유한다는 것이다. 다시 말해 소득이 낮으면 세금이 없다. 흔히 "소득이 있는 곳에 세금이 있다"고 하는데 이를 바꿔 말하면 "소득이 없으면 세금도 없다"는 말이 된다.

소득세의 구조상 설사 소득이 있더라도 일정수준 이하인 경우, 세금을 내지 않는다. 소득세가 과세대상으로 삼는 '소득'이란 벌어들인 수입 전체를 의미하는 개념이 아니라 국가로부터 조세의무를 부담할 수 있는 일종의 경제여력을 의미하기 때문이다. 즉 근대 소득세 시스템이 과세 대상으로 삼는 소득이란 기초적인 삶의 유지를 위해 이러 저러한 필수 공제항목들을 빼고, '그러고도 남는 여력'을 의미한다.[4]

기업소득세 즉 법인세의 경우도 기업의 전체 매출에 과세하는 세금이 아니다. 기업이 경제활동 과정에서 지출한 각종 비용을 모두 빼고 그래도 남는 경제력의 일부를 국가와 공유하는 것이다.

---

4 2023년 4분기 국세통계연보에 따르면 연말정산을 신고한 근로자는 총 2053만 명에 이른다. 이 중 결정세액이 없는 근로자는 690만 명으로, 전체의 33.6%에 달했다. 전체 근로자의 1/3이 소득세를 한 푼도 부과 받지 않는 면세점 이하에 있다는 뜻이다.

다시 말해 소득세 시스템은 사람들의 경제행위를 통해 발생하는 잉여 경제력에 과세하기 위해 '일정 기간의 소득'을 주 과세대상으로 한다. 반면, 축적한 부(富)를 '특정 시점'에 평가해서 과세대상으로 삼는 일은 극히 자제하고 있다.

이를 경제 개념으로 정리하자면, 유량(流量 flow)에 주로 과세를 하고, 저량(貯量 stock)에는 과세를 자제한다고 말할 수 있다. 여기서 저량은 특정시점에 존재하는 양을 말하고, 유량은 일정기간 동안 흐르는 양이다. 예컨대 소득은 일정기간(보통 1년)의 순생산물의 흐름이므로 유량이다. 재산은 특정 시점의 총량이므로 저량이다.

유량에 대한 과세로는 소득세, 법인세 등 주요 세목들이 대부분 포함되는데 반해, 저량에 대한 과세로는 재산세와 그 변종인 종부세, 그리고 상속증여세 정도를 들 수 있다. 재산세, 상·증세 등은 1년간 벌어들인 소득이 아니라 특정 시점에서 보유한 자산 전체를 과세대상으로 삼기 때문이다.

현대 조세체계가 저량 개념에 대한 과세를 자제하고 유량 개념에 대한 과세에 주력하는 이유는 이렇게 해야 각 경제 주체들의 소유권과 경제기득권을 보장하고, 더 나아가 좀 더 바람직한 방향으로 '경제행위'를 유도할 수 있기 때문이다.

'미실현이익'에 대한 과세는 위험하다

여기서 저량 개념에 대한 과세가 갖는 중대한 위험성을 지적하지 않을 수 없다. 저량 과세는 '미실현된 자산소득'에 대한 과세가 이뤄질 수밖에 없기 때문에 사회적으로 위험하다.

예를 들어 종합부동산세의 경우, 특정 시점에 어떤 주택의 가액을 산정해서 이를 기준으로 세금을 부과하게 된다. 그런데 이때의 주택 가격은 단지 시가에 불과하다. 소유자가 매각을 통해 실현한 이익이 아니라, 평가된 이익이라는 것이다.

타인에게 매각을 통해 양도이익을 실현한 것이 아닌 상태에서 단순히 현재의 시가평가를 갖고 세금을 부과하는 것은 '실현되지 않은 자산 소득'에 대한 과세인 것이다.

이것이 어떤 문제를 일으키는지 우리는 종합부동산세의 사례를 통해 절실하게 체험한 바 있다.

예를 들어 40억~50억 짜리 주택에 사는 사람들의 경우, 소득이 전혀 없는 상황에서도 현금으로 7,000~8,000만원 씩 종부세를 내는 경우가 많았다. 이 경우 소득이 없고 자산만 있는 퇴직자들은 집을 팔지 못해 '대출'을 받아서 세금을 내야 했고, 이는 결국 치명적인 조세저항으로 나타났다.

바로 이 점에서 상속세는 종합부동산세와 본질적으로 같은 한계를 지닌다. 상속세는 일정시기에 경제행위를 통해 벌어들인 소득에 대한 과세가 아니라 특정 시점에 보유한 소유물(자산)에 대한 과세 방식에 속한다. 이러한 방식의 과세는 사실상 사적 소유권을 억압하는 효과가 있기 때문에 최소화해야 하는데, 상속세는 오히려 극대화 하고 있는 것이다.

한국 상속세가 갖는 3가지 문제 (제도 측면)

세율	최고 60%에 달하는 약탈적 세율
과세표준	소득이 아닌 자산을 사망시점의 시장가격으로 계산 결국 미실현 자산소득에 과세.
과세대상	받는 사람이 '받는만큼 내는' 세금이 아니라 죽은 사람이 '남긴 재산 전체'를 과세 대상으로 함. 이른바 유산세구조.

04
상속세는 '성공' 징벌세

상속세는 성공을 일궈낸 사람에 대해 '벌을 내리는 세금'이다. 평생 동안 열심히 일해 무언가를 남긴 사람이 마지막 가는 길목에서 국가가 그의 유산을 약탈하기 때문이다.

예를 들어 어떤 기업인이 사업을 시작했다고 하자. 그 사업이 처음부터 성공할 수는 없다. 애플이 허름한 자동차 차고에서 시작했듯이 첫 출발은 항상 작고 미미할 수밖에 없다. 그렇게 미약한 시작으로 출발해서 오랜 시간과 노력이 투여되고 자본과 이윤이 축적 되는 지난한 과정을 거쳐야 상속세의 과세 대상이 될 만한 어떤 규모의 성과를 이룰 수 있게 된다. 그런 수준에 이르기 까지, 기업가는 다른데 눈 돌릴 틈 없이 계속 사업만 키우면서 살아갈 수밖에 없다.

그런데 막상 사업이 성공해서 상당한 단계 이르면 창업주는 고령의 나이가 되는 경우가 많다. 그리고 이 상황이 오면 자신이 평생을 바친 사업체를 고스란히 세금으로 뺏길 것에 대한 걱정을 하게 된다. 젊은 시절 공장에서 컵라면으로 끼니를 때우고 새우잠을 자며 일으켜 세운 기업, 그렇게 평생을 헌신해서 기어이 인생의 말년에 제법 큰 규모의 기업을 이뤘는데 죽을 때쯤에 국가가 싹 뺏어가는 꼴이다.

당연히 당하는 입장에서는 허탈감이 밀려온다. 어떻게든 피하고 싶은 것이 인간의 본성이다. 이런 일이 반복되면 국가 전체적으로 기업가 정신을 기대할 수 없다. 사업을 열심히 한다는 것이 아무런 의미가 없기 때문이다. 기업가 입장에서도 '내가 왜 열심히 일을 했지? 정부한테 60%를 내야 되는데.'라는 회의가 들 수 밖에 없다.

실제 사례를 들어 보자. 우리에게 익숙한 주방용기, 락앤락이 있다. 락앤락은 밀폐용기 분야에서 국내 1위 업체다. 창업주 김준일 회장은 스물일곱 살에 락앤락을 창업해 1년 중 절반을 해외에서 보내는 등 각고의 노력 끝에 락앤락을 국내 주방생활용품 1위의 기업으로 성장시켰다.

하지만 어느 시점부터 상속이나 증여를 할 경우, 전체 지분의 60%를 세금으로 내야 한다는 점이 계속해서 문제가 되었다. 결국 고뇌 끝에 김회장은 2017년 회사를 홍콩계 사모투자펀드(PEF)에 매각하는 길을 택했다.

김회장 본인은 부인했지만, 언론에서는 락앤락의 매각이 상속세 부담 등을 고려한 행동이라고 평가했다. 김 회장 자신도 회사 매각에 대해 "고통스러운 결정"이라고 회고하기도 했다.

이러한 경영권 파동을 거친 뒤, 2023년 현재 락앤락의 기업가치는 1/4 토막이 난 것으로 평가된다. 황금알을 낳는 거위의 배를 가른 전형적인 상황이다.

저항할 수 없는 시점에 조용히 덮친다

상속세의 존재를 만약 개인 간의 도덕적 시선으로 본다면, 매우 기분 나쁘고, 부도덕한 세금이다. 한 인간이 인생을 바쳐 일군 최종적 성과를 생의 말년에, 즉 그의 성공이 확인된 시점에 뺏어가기 때문이다.

국가는 가만히 길목에 서 있다가 한 인간이 평생을 바친 기업이 성공의 문턱을 넘었을 시점에 해당 성과물의 절반 이상을 빼어간다.

생애 마지막 길목에서, 죽음을 앞둔 시점에 쌓아둔 경제적 능력 전체를 상대로 과세 당하기 때문에 빼앗기는 입장에서는 어떻게 해 볼 도리 없이 당한다는 것도 상속세의 큰 특징이다.

상속세 납부 대상이 될 것을 예상하고 있는 사람의 입장에서 보면, 어떤 생각이 들까? 한 개인이 경제활동을 추구할 때 그 결과물의 절반 이상을 국가가 빼어간다면 경제행위에 대한 의지는 크게 떨어질 수밖에 없다.

자기가 사망한 이후의 상황이 뻔히 예견되는 기업인 입장에서는 어떤 사업이건 열심히 할 의지와 동기가 사라진다. 특히 중소기업은 일을 열심히 하면 할수록 손해라는 생각까지 들 수 있다.

동시에 모든 관심사가 '어떻게 세금을 회피할 수 있는지?'에 집중 될 수밖에 없다. 열심히 기업활동을 해서 얻을 수 있는 이익보다 각종 편법으로 상속세를 회피해서 얻을 수 있는 이익이 훨씬 크기 때문이다.

결국 상속세는 열심히 일해 무언가를 남기려는 사람에게 노력한 만큼에 비례해서 불이익을 주는 시스템이다. 부와 성공을 일궈낸 대가로 주어지는 생애 마지막 징벌이다.

상속세 때문에 국가의 미래가 걱정이 되는 이유는 상속세가 갖는 이러한 특유의 폭력성 때문이다.

05
이번 생에 끝나지 않는 세금, 사망세

생전에 45%, 사후에 60% 뺏어간다

호랑이는 죽어서 가죽을 남기지만, 사람은 죽은 뒤에 세금 정산이 남는다. 사후에도 정부의 행정망에서 일이 끝나지 않는 이유는 바로 상속세 때문이다.

2023년 현재 소득세 최고 구간은 45%에 이른다. 이를 단순계산으로 상속세 문제와 결부시켜 본다면, 생전에 45%를 꾸준히 뺏어가던 국가가 죽은 뒤에 60%를 추가로 뺏어가는 셈이다.

이렇게 소득세율과 상속세율을 단순 합계한 수치를 〈합산세율〉이라고 한다. 한국의 합산 최고세율은 세계 어느 나라보다 높다. 2위인 일본이 100%, 한국은 105%(상속세 60%+소득세 45%)다. 살아있을 때 평생 부담하고, 죽은 후에 또 내는 이중과세 논란이 빚어지는 이유다.

왜 이중과세 인가?

상속세의 조세정당성 문제를 생각해 볼 때 빼놓을 수 없는 문제가 '이중과세'논란이다. 상식적으로 상속세는 명백한 이중과세다.

우리는 현실의 소득세 시스템 하에서 살아있는 동안의 경제행위에 대해 이미 정상적으로 모든 세금을 냈다. 해마다 종합소득을 신고했으며, 월급 받을 때 마다 세금을 다 빼고 받았다. 상속세는 그렇게 세후 소득을 절약하거나 불려서 만들어 놓은 자산에 대해 하늘나라로 올라가는 문 앞에서 다시 한 번 더 과세되는 세금이다.

그런데 일각에서는 상속세가 이중과세가 아니라고 주장하기도 한다. 상속을 받는 사람 즉 상속인의 입장에서 보면, 난생 처음 생긴 소득에 과세 당하는 것이기 때문에 이중과세가 아니라는 주장이다.

이중과세란 내가 세금을 낸 소득에 대해 이중으로 세금을 부과 당하는 것인데 상속세는 기존의 내 재산이 아닌, 돌아가신 분의 재산에 대해 세금을 내는 것이고 그 재산은 결국 내가 소득세를 부담한 소득이 아니므로 이중과세가 아니라는 논리다.

다시 말해 세금은 개인에게 부과되는 것인데, 상속 받는 사람 입장에서는 물려받은 재산이 난생 처음 생긴 소득이기 때문에 논리적으로 상속세가 이중과세가 될 수 없다는 주장이다.

그러나 이는 세(稅) 부담의 주체를 유산을 물려받는 사람 즉 상속인으로 오인하면서 발생한 일종의 착각이다. 상속세는 유족 즉 상속인에게 납부할 의무가 주어지지만, 세금이 부과되는 기준은 어디까지나 돌아가신 분의 '생애 재산 전부'이기 때문이다.

우리나라 상속세는 납세자가 물려받은 재산을 기준으로 부과하는 것이 아니라 이미 돌아가신 분 즉 피상속인의 재산을 기준으로 부과된다. 상속세의 과세 대상은 분명 살면서 소득세를 모두 처리한, 돌아가신 분의 재산이란 얘기다. 따라서 이는 곧 죽은 사람에게 세금을 내라는 것과 같은 말이 된다. 납세의무자,

즉 상속인은 살아있기 때문에 납세를 대행할 뿐이다.

유산세와 유산 취득세

이 논쟁은 우리나라 상속세의 과세방식을 보면 분명해진다. 상속세는 과세방식에 따라 유산세(遺産稅)와 유산취득세(遺産取得稅)로 구분된다. [5]

유산세(遺産稅) 방식은 피상속인이 남긴 상속재산 전체를 과세 기준으로 삼는 방식인 반면, 유산취득세(遺産取得稅)는 상속

---

5 한국에서는 상속세라는 하나의 단어로 통합되어 있지만, 영어권에서는 처음부터 inheritance tax(유산취득세), estate tax(유산세)라는 다른 용어를 사용해왔다. 그러나 이 두 용어에 대한 개념정의는 확실하지 않다. 많은 경우 inheritance tax는 상속받는 각각의 유족을 기준으로 부과되는 <취득자 중심 상속세>를 의미한다. 반면 estate tax는 사망인이 남긴 재산 전체를 기준으로 부과하는 세금 즉 <유산 중심 상속세>이다. 그러나 국가별로 살펴보면 이러한 구분을 따르지 않는 경우도 많다. 영국은 inheritance tax란 용어를 쓰는데 사망인의 재산을 기준으로 부과하고 있다. 우리나라 역시 상속세의 영어 표기를 inheritance tax로 하지만, 실제로는 사망인의 재산 전체를 과세기준으로 삼는다.

인 별로 각자 상속받은 가액을 기준으로 과세하는 방식이다.

단순하게 예를 들면, 30억의 유산을 3명의 유족이 10억씩 상속 받을 경우, 〈유산세〉의 경우 30억을 과표로 잡아서 현행 50%의 세율을 적용한다. 그러나 〈유산취득세〉의 경우 각자가 받는 10억을 기준으로 세율을 적용해 각자 30%씩의 세율을 적용받는다.

(상속인들이 자기가 각자 받는 만큼만 세금을 낼 경우, 아무래도 과표가 줄어들 가능성이 높기 때문에 세액도 줄어드는 식이다.)

우리나라는 증여세의 경우, 각자 증여받은 가액이 기준이 되지만, 상속세의 경우, 피상속인이 남긴 유산 전체를 과세기준으로 하는 유산세 방식을 취하고 있다. [6]

우리나라 상속세는 유산세 방식을 취하고 있다는 점에서 명목상 납세자가 상속인일 뿐, 실제 납세자는 돌아가신 분이 된다.

---

6 이러한 과세 방식에서 알 수 있듯이 우리나라 상속세는 처음부터 조금이라도 세금을 더 부과하는 방식을 취하겠다는 강력한 '중과세 의지' 하에 설계되었다.

따라서 한국의 상속세는 어떤 경제행위와 그 잉여성과를 국가와 개인이 공유하기 위해 부여되는 세금이 아니라 사망이라는 '상황'에 세금이 부여되는 '사망세' 성격을 갖는 것이다.

[유산세와 유산취득세의 차이]

유산세 (뭉텅이 과세)

남겨진 유산 전체를 대상으로 삼아
뭉텅이로 과세

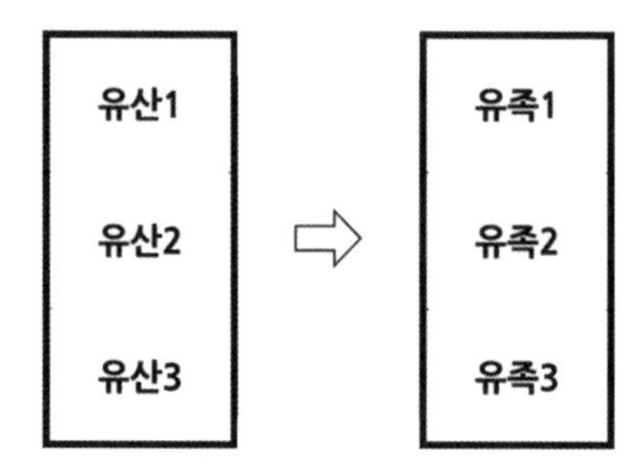

유산취득세 (쪼개기 과세)

유족별로 받은 만큼씩만 과표로 삼아
쪼개기로 과세

유산		유족
유산1	⇨	유족1
유산2	⇨	유족2
유산3	⇨	유족3

06
상속세는 가정파괴세

1993년 6월, 삼성그룹 이건희 회장은 '양적생산'에 치중하던 그때까지의 경영방식에서 벗어나 '품질 중심 경영'을 선언한다. 이를 삼성그룹의 〈프랑크푸르트 선언〉이라고 한다. 이 때 나온 유명한 말이 "처자식만 빼고 모든 것을 다 바꾸라"는 이건희식 혁신 슬로건이다.

사람들은 이 선언이 '처음부터 끝까지 다 바꾸자!'는 이건희의 강력한 혁신의지라고 말한다. 그런데 우리는 여기서 반대측면을 살펴볼 필요가 있다.

"처자식만 빼고 모든 것을 다 바꾸라"는 말을 거꾸로 해석하면 어떤 경우에도 '처자식'은 안 바꾼다는 것을 의미한다. 즉 그룹의 세계관 전체를 바꾸기 위해 완전히 근본적인 혁신을 주창하는 마당에서 조차 '처자식'은 제외된다는 것이다.

왜 그럴까? 가족의 존속과 재생산은 개인이 사회생활을 추구하는 근본적인 목표 중에 하나이기 때문이다.

상속세는 인간 본성에 반(反)한다

모든 것이 혁신의 대상이 되는 상황에서 조차 처자식이 '열외'가 되는 이유는 '가족'이란 그 자체로 혁신의 '목적'이기 때문이다. 가족은 나의 분신이고 나의 육체적 생명이후에도 나의 존재를 계승할 실체이기 때문이다.

우리는 '경제행위'와 '가족'의 관계에 대해 주목할 필요가 있다. '가족'은 존재 그 자체로 경제행위의 근본적인 원인이자 동력이다. 만약 '가족'이라는 부담이 없다면, 아마도 우리 시대의 많은 경제인들은 출근이나 사업 같은 경제행위 자체를 포기하고 그 때 그 때 즉흥적인 욕망에 따라 행동할 가능성이 높다. (만약 지난 세월동안, 처자식 없이 나 혼자 사는 세상이었다면 내가 그렇게 열심히 살았을까?)

소시민들이 열심히 돈을 버는 가장 중요한 이유 중 하나가 가족을 지키기 위한 것이다. 즉 많은 가장들은 가족을 위해, 자녀와 아내를 위해 열심히 돈을 벌고, 이를 위해 성실한 사회생활을 유지한다.

몸이 아파도 출근을 하고, 여러 가지 정신적 스트레스에도 불구하고 조직 안에서 주어진 업무를 성실히 수행하는 이유는 자식과 가정을 지키기 위함이다. 그렇게 일을 해야 처자식을 지킬 수 있다는 의무감으로 종종 느끼는 나태와 탈선의 유혹을 이겨내고 끊임없이 성실하게 살아간다.

무엇보다 대부분의 사람들은 본능적으로 자식의 삶을 안정적으로 만들어주기 위해서 많은 노력을 한다. 아들, 딸이 나를 보고 있다는 생각과 가족이라는 압박감이 없다면 인간은 이런 경제 행위의 상당 부분을 포기할 가능성이 높다. 개인이 경제행위를 포기하면 가족은 재산이 모일 리 없고, 사회적 차원에서 자본축적의 동력도 크게 떨어질 수밖에 없다.

인간의 본성에 대해

나는 교회를 다니면서 오랫동안 중·고등학생을 가르치는 교사로 봉사했다. 그런데 중·고등학생들에게 십계명을 가르칠 때 마다 스스로 궁금한 것이 있었다. 십계명 중 5계명은 "네 부모를 공경하라. 그리하면 하나님 여호와가 네게 준 땅에서 네 생명이 오래 갈 것"이다. 이를 약속이 있는 첫 계명이라고 하는데 왜 인간에게 준 첫 번째 계명이 자식들에게 부모를 공경하라는 명령일까? 궁금했다. 물론 동양에서도 효를 강조하긴 하지만 오히려 체벌할 수 있는 힘과 권력을 행사할 수 있는 어른들에게 "네 자녀를 사랑하라"고 해야 하지 않는가? 라는 궁금증이었다.

이 의문은 내가 자녀를 키우면서 비로소 이해 할 수 있었다. 부모에게 자녀를 사랑하라는 명령은 할 필요가 없기 때문이다. 부모의 자녀사랑은 인간에게 심어진 본성으로 너무나 당연한 일이라 따로 언급할 필요가 없었다. 반면, 부모에 대한 공경은 분명 교육과 의도적 노력이 없으면 되지 않는다는 것을 나의 모습을 보면서 깨달았다.

가족, 가장 강력한 경제공동체

나는 '가족'이 없다면, 오늘 날 세계적으로 알려진 큰 기업들도 태어나지 못했을 것으로 생각한다. 가족이야말로 가장 강력한 경제 공동체이기 때문이다. 굳이 온 가족이 함께 가업을 운영하지 않더라도, 가족이라는 존재 자체가 경제행위의 가장 강력한 동기가 된다. 재산 축적의 동기도 마찬가지다. 가족을 먹여 살리기 위한 가장 확실한 방법이 재산 축적이다.

사업에 대한 관점과 노하우도, 최초의 투자 자본도 모두 가족 내부적으로 계승되는 에너지에 의존한다.

이렇게 가족은 존재 자체로 경제행위를 발생시키는 근본 동력이라는 점에서 실제적인 경제행위를 수행하는 기본단위는 '개인'이라기보다는 '가족'이라고 봐야 한다. 이 때문에 설사 아버지 명의로 된 재산이라 해도 그것은 처음부터 본질적으로 가족의 소유물이라고 볼 수 있다.

국부론의 저자 아담스미스는 우리가 밥을 먹을 수 있는 이유를 '다른 사람들의 이기심' 때문이라고 설명한다. 그런데 여기서 말하는 이기심 역시 정확히 말해 '개인 단위'의 이기심이라기보다는 '가족 단위'의 이기심이라고 볼 수 있다. 즉 가족의 이익을 위한 경제행위가 다른 가족의 이기심을 채워주고 이러한 상호작용을 통해 사회전체의 생산력 증대로 확산 증폭 되는 것이 현대 자본주의의 기본적인 메커니즘 이다.

국가가 사적재산의 소유권을 보장하는 하는 것은 이러한 가족단위의 '경제력'을 보장하고 가족단위의 계승을 인정해서 경제행위를 보장하겠다는 의미를 갖고 있다. 상속세는 이러한 국가의 근본적 존립의미를 거스르는 세금이다.

가족, 유전자의 영생의지

가족은 그 자체로 유전자 존속의 근본적 의지를 의미한다. 나의 생명은 언젠가 끝이 나겠지만, 사후에도 '자식'을 통해 나의 유전자는 지속적으로 계승되고 존속할 것으로 생각하는 개인이 많다.

사람이라면 누구나 본능적으로 자신이 갖고 있거나 성취한 것을 자식에게 남겨주려 한다. 부모는 자기 자식이 오늘의 나보다 더 좋은 삶을 살기를 원하기 때문에, 내가 형성한 재산과 권력을 물려주고 싶어 한다.

이것은 나의 삶은 현생에 그치더라도 내가 남긴 '유전자' 만큼은 끊임없이 다음 세대로 계승시키고 이어 나가게 만들고 싶은 생명체의 본성이다.

이런 맥락에서 자식 사랑은 인간의 기본적인 본능이다. 인간 뿐 아니라 거의 모든 동물들이 내가 낳은 '새끼'를 위해 자신을 희생한다. '부모사랑은 내리사랑'이라는 표현 자체가 부모의 자식에 대한 사랑의 본질을 보여준다.

고귀한 부모 사랑의 본질을 가장 마지막까지 보여 주는 장면이 재산을 물려주는 행위 즉 상속이다. 내 자식이 나의 삶보다 더 나은 삶을 살기를 바라면서 뭔가를 남겨주고 싶은 것은 생명체로서 부모의 자연스런 마음이다.

자식세대가 더 나은 삶을 살도록 배려하는 마음은 인류가 스스로의 문명과 생산력을 발전시켜온 근본적인 동력이다. 그런데 상속세는 이 같은 인간의 본성을 차단하는 관점에서 설계되어있다. 유전자의 영구적 계승을 통해 영원한 생명을 추구하는 생명체의 본능적인 속성을 방해하는 '역사의 교란요소'인 셈이다.

역사 발전의 원동력, 세대 간 경제력 계승

가정은 유형, 무형의 가치 전달 체계다. 인류 역사의 발전은 지식이나 경제력, 문화 등이 세대를 넘어 계승되면서 이뤄진다.

가족은 이러한 세대 간 계승의 핵심 통로다. 가정을 모든 문명의 전제조건이자, 문명 발달의 가장 원초적인 단위로 보는 이유는 이 때문이다. 가족이 없는 상태에서 문명이 발달할 수 없다.

부모세대가 가정을 통해서 자손세대에게 남겨주는 것은 여러 가지가 있지만 그 중에서 핵심은 '재산'을 넘겨주는 것이다.

실제로 세대를 넘어 축적된 경제력이 '문명'을 창출하는데 있어 중요한 역할을 해왔다. 부모세대의 본능적인 자식 사랑은 사회적인 맥락에서 '문명'의 연장과 확장, 생산력의 획기적 진보를 초래한 근본적인 동력이다. 자본여력의 계승이 문명 창조의 동력이었던 것이다.

만약 인간에게 생명체로서 DNA의 영구적 계승과 생존의지가 없다면, 인간은 철저히 단기적인 경제행위자로 남게 된다.

예컨대 부모세대가 자식세대에 대해 아무것도 물려 줄 의지가 없다고 해보자. 그렇다면 그는 자신이 살아있을 때, 쓰고 죽을 돈 이상의 재산 축적을 추구할 이유가 별로 없다. 위험을 감수하고 불필요하게 과도한 자본 축적을 위해서 이리 뛰고 저리 뛸 이유가 없는 것이다. '딱 쓰고 죽을 만큼'만 벌면 된다.

약탈적 상속세는 경제행위의 주체들에게 "번 돈을 한 푼도 남기지 말고 죽기 전에 다 써버려라!" "생전에 쓸 수 있는 돈 이상의 자본축적은 아예 하지도 마라!"고 은연중에 촉구하는 기능을 한다.

상속·증여세는 가족의 사막화를 초래한다

부모가 재산을 물려주지 못하면, 가족의 결속력은 현저하게 약화될 수밖에 없다. 부모가 자식에게 현실적 이익을 물려주지 않고 '잔소리'만 전해줄 뿐이라면 자손들은 현실적으로 부모를 중심으로 결속하지 않는다.

상속세는 증여세와 한 몸처럼 움직일 수밖에 없는데, 바로 이 증여세 때문에 피상속인의 생전부터 가족 내부적으로 경제력의 이동에 제한이 걸린다.

이 때문에 상속·증여세는 본질적으로 가족의 개인화 혹은 가족 사막화를 초래한다. 가족해체를 유도한다는 점에서 상속세는 가히 인류사적인 해악이 있는 것이다.

07
상속세가 갖는 태생적 모순

상속세는 세대간 경제력 이전을 차단하기 위한 목적을 갖고 있지만, 그 방법론은 매우 모순적이다. 현금, 주택 등 유형자산에는 과세가 되지만, 부모세대가 생전에 다양한 방법으로 제공하는 교육 등 무형의 자산을 비롯해서 타고난 능력이나 외모 같은 유전자산에는 근본적으로 과세하지 않기 때문이다. 즉 상속세는 과세 방식 자체에 태생적인 불합리성과 모순을 갖고 있다.

부모세대가 자식세대를 위해 뭔가 유무형의 자산을 이전하는 방법은 매우 무궁무진하다. 자기가 죽는 시점에서 자식에게 하필이면 부동산이나 현금을 남겨주는 것은 경제력 이전의 여러 가지 방법 중에 한 형식일 뿐이다.

대표적 사례로 부모가 자식에게 ‘교육’ 이라는 무형의 능력을 전달하면 아무런 세금도 부과 되지 않는다.

한국인의 교육열은 뜨겁기로 유명하다. 전두환 시절 ‘과외 금지’ 조치가 있었다. 그 시절은 군부독재의 서슬이 퍼렇던 시절이었다. 하지만 그 시대에도 부모들은 온갖 위험을 무릅쓰고 불법과외를 시켰다. 이러한 보이지 않는 저항 끝에 결국 과외 금지 조치는 무력화 되었고, 헌법재판소의 헌법 불합치 판결로 사라지고 말았다.

다산 정약용 선생도 자신이 유배를 가 있는 동안 자식들에게 “공부 열심히 하라”고 다그치고 꼭 ‘한양 근처에서 살라’고 강권했다. 왜 그랬을까? 두말할 것도 없이 조선시대에는 과거시험이 출세의 지름길이었기 때문이다. 이런 현상들은 ‘학력이 곧 재산이자 권력’이라는 인식이 뿌리 깊게 있기 때문에 나타난다.

그렇다면 자식세대에게 ‘교육’ 이라는 무형의 혜택을 제공하는 것과 부동산과 현금 같은 유형의 재산을 이전하는 것은 세제상 취급이 어떻게 달라지는가?

두 가지 예시를 비교해 보자. 첫 번째 사람은 처음부터 재력이 있었다. 그는 생전에 자식들한테 사교육을 비롯해 엄청난 교육비를 지출했다. 과외를 시키고, 유학을 보내고 경제적 지원을 통해 다양한 경험을 쌓게 해주었다. 결국 아이는 좋은 스펙을 갖게 되었고 이후의 삶은 매우 유리한 사회적 조건에 처하게 되었다.

두 번째 사람은 젊은 시절 재력이 충분치 못했다. 그는 사교육비를 쓰기 어려웠고, 자신의 아이들에게 대학등록금을 대주는 것조차 부담스러웠다. 유학은 꿈도 꿀 수 없었다. 이 경우의 부모는 그저 열심히 돈을 모으면서 자식을 키우는 수밖에 없다. 그가 어느 정도 자산을 축적한 시점에 아이는 벌써 어른이 되었고 학습할 시기는 지나간 상태가 된다.

인생 막판에 두 사람에 대한 국가의 대우는 달라진다. 자녀한테 10억의 교육 투자로 돈을 쓴 사람은 아무런 상속세를 내지 않는다. 반면, 자녀에게 아무 교육비를 쓰지도 못하고 대신 물려줄 수 있는 현물 자산만 10억을 남긴 사람은 수억 원의 상속세를 낸다.

요컨대 교육투자로 자식에게 다양한 이전소득을 추구한 사람은 상속세를 전혀 부담하지 않는 반면, 인생의 노년까지 성실하게 일해 유형의 재산을 만들어 남겨주는 부모는 정부로 부터 세금을 두들겨 맞는다.

뭔가 불합리하다는 생각이 들지 않을 수 없다. 자식에게 교육투자로 계속 뭔가를 제공한 행위와 현금으로 물려주는 행위는 본질적으로 같은 차원이다. 어차피 자식을 위한 똑같은 마음이며 어떤 '능력'을 이전 시켜주는 행동이다.

그런데 초기에 가진 것이 없었기 때문에 교육투자를 하고 싶어도 해주지 못한 부모가 나중에 그 미안한 마음을 재산 상속으로 남겨주려 하는 행위만 과세 대상이 되는 셈이다.

이런 경우의 죄를 굳이 따지자면, '유형자산을 물려준 죄'라고 할 수 있다.

자식에게 재산이 아니라 재능을 이전하는 상황도 다르지 않다. 예를 들어 축구로 유명한 손0민 선수가 있다고 하자. 손0민 선수는 본질적으로 특화된 운동신경과 재능을 넘겨받았다. 이 경우 상속세를 부담하지 않는다.

여기에 더해 전직 축구선수였던 아버지로부터 많은 교육을 받았다. 아버지는 손0민 선수의 축구 재능을 개발하기 위해 매일

자기 시간을 투자해서 강훈련을 시켰다. 재산을 물려준 것은 아니지만, 아버지는 다른 직장생활을 하지 않고 자식에게 아낌없이 시간을 투자했다. 이렇게 해서 아들이 대중의 사랑을 받는 축구선수로 크게 성공했을 경우, 현재의 상속·증여세는 아무런 세금도 부과하지 않는다.

그런데 만약 손O민 선수의 아버지가 똑같은 노력을 자식교육이나 시간투자로 쓰지 않고, 직장생활을 하거나 사업을 해서 직접 돈을 버는데 집중했고, 이렇게 재산을 모아 나중에 현금이나 부동산으로 물려주었다면 어떻게 될까? '유형자산을 물려준 죄'에 걸려 그대로 세금 부과의 대상이 된다.

체육인 뿐 아니라 예술가들도 마찬가지다. 부모로부터 넘겨받은 재능자산이나, 시간자본은 전혀 상속·증여세의 과세대상이 되지 않는다.

요컨대 부모세대가 땀 흘려 벌어들인 자산이나 현금 이전에 대해서만 세금이 부과 될 뿐, 뛰어난 재능, 교육, 영리한 지능, 외모 같은 유전자산, 부모의 시간투자, 인맥 등 무상으로 이전되는 무형의 자산들은 전혀 과세되지 않는다. 오직 열심히 일해서 만든 재산으로 물려주는, 경제적 재화의 이전에만 세금이 부과

된다.

교육열은 그 자체가 '상속열'이다. 자식을 잘되게 하기 위해서 뭔가를 제공해주고, 어떤 능력을 이전하는 모든 행위가 실질적인 상속행위인 셈이다.

그런데 자식에 대한 부모세대의 희생과 헌신이 유독 유형자산의 이전 형식을 밟을 경우에만 '상속세'라고 하는 일종의 패널티를 받는 것이다.

무형의 상속의지는 차단하지 못한 채 현금과 부동산 등 유형자산으로 전달되는 '부의 이전'만 규제한다는 점에서 '상속세'는 개념 자체로 본질적인 한계와 모순을 갖는다.

상속세가 이 같은 한계와 모순을 내장하게 된 근본적인 이유는 해서도 안되고, 애당초 할 수도 없는 '부모-자식간 능력의 이전 행위'를 국가가 규제하겠다는 황당한 아이디어에서 출발하고 있기 때문이다.

08
시기와 질투를 먹고 크는 세금

"사돈이 땅을 사면 배 아프다"는 속담이 있다. 왠지 공감이 가는 이런 속담이 존재한다는 사실은 '질투와 시기심'이 우리 인간 사회가 본질적으로 내장하고 있는 기본적인 심리적 기초의 하나임을 보여준다. 우리 사회는 분명 '질투'와 '시기'라는 심리적 기반위에서 움직이는 현실적 측면이 있다.

'징벌적 상속세'와 '약탈적 상속세율'에 대한 국민의 정서적 용인은 부유층에 대한 시기와 질투를 배경으로 한다.

상속세에 대한 다수 여론의 기본 관점은 '부모 잘 만난 부잣집 자식들이 노력없이 물려받는 거대한 부를 국가가 회수하는 것'이고, 따라서 좀 많이 뜯어가도 아무 문제없다는 판단이다. 조금

노골적으로 말하면 '부자들의 재산은 어느 정도 까지는 강탈의 대상으로 삼아도 좋다'는 생각이나 마찬가지다. 그런데 이러한 사고의 본질은 일종의 사회적 시기심에 그 기초를 두고 있다.

평등 관념과 사회적 질투는 어떻게 다른가?

그렇다면 우리가 중요한 사회적 가치로 여겨 온 '평등 개념'과 타인의 성공을 시기하는 사회적 질투심은 어떻게 구분해야 할까? 필자의 판단으로는 '폭력성' 여부가 기준점으로 보인다.

사회발전 동력으로써의 '평등개념'은 일종의 순환전략이다. 어떤 사회적 산물이 경제적 약자를 위해 우선적으로 지출되는 것을 통해 확장된 경제력과 자본여력이 다시 사회전체를 위해 쓰여지는 것에 대한 공감과 동의가 평등개념이다.

반면, 부유층이나 사회적 성공에 대한 이유 없는 불만이나 공격성은 사회적 시기와 질투라고 규정할 수 있다. (경제효과에 대한 분석없이) 단순하게 부유층의 재산 혹은 경제력에 대해 국가가 특정 길목에서 강탈해도 상관없다는 생각이 있다면, 그것은 폭력적 인식이다.

'평등주의'는 얼핏 상당히 고상한 가치로 들리는 경우가 많다. 하지만 타인의 성공에 대해 이유 없이 '찝찝한' 기분이 드는 것은 학습하지 않아도 자연스레 획득하는 인간의 본능적 심리중 하나에 불과하다. 이러한 '태생적 심리'를 '이데올로기'로 포장해 준 것이 이른바 평등주의다. 평등주의는 개인의 시기심을 이념적 정당성으로 바꿔주는 역할을 한다.

부유층 등의 경제적 성공에 대한 질투와 시기를 평등주의라는 이데올로기적 미명으로 바꿔치기하면 안 되는 까닭은 이 때문이다.

이제 고정관념에서 벗어나자

우리나라가 한참 '산업화'와 '민주화'의 터널을 통과하던 시기에는 평등 개념이 국가발전에 있어 유효한 측면이 있었다. 무엇보다 건국초기 적산불하와 토지개혁을 통해 비교적 평등한 나라로 출발했던 대한민국의 역사는 이후의 국가발전에 있어 매우 중요한 토양을 제공했다.

그러나 선진국의 문턱을 넘어 세계 10위권의 경제대국이 된

지금은 상황이 근본적으로 달라졌다. 이제는 경계해야 할 대상이 달라졌다. 시기와 질투의 눈으로 '부의 대물림'을 바라보는 협소한 관점으로는 참된 사회적 진보를 실현할 수 없다.

'부의 대물림' 문제는 과거에 비해, 별로 중요한 문제가 아니다. 예를 들어 삼성전자는 대한민국 전체 GDP의 20%를 생산한다. 이런 상황에서는 이 거대한 기업이 지속적으로 잘 존속하고 성장하는지 여부가 중요하다. 누가 누구에게 얼마를 물려주는지, 소수 재벌의 경제력이 최하층의 소득과 비교해서 얼마나 차이가 나는지, 그런 수치상의 문제들을 따지는 것은 오늘날의 관점에서 별로 중요하지 않다.

현재의 시각에서 볼 때, 이제 정작 중요한 문제는 부의 격차가 아니라 국가를 떠받치는 거대 기업시스템의 존속과 지속적인 성장이다. 국가재정의 기반이 되는 거대한 자본의 활동이 흔들리거나 정체 될 경우, 경제전반에 미칠 파급효과를 우선 걱정해야 하는 것이다.

평등은 오늘날의 시대정신이 아니다. 저출산, 저성장 시대에는 어떻게 청년실업을 줄이고, 지속적인 성장을 구가할 것인가라는 문제에 국가 경영상의 고민이 집중될 수밖에 없다.

이제 구시대적 평등사관은 점점 지나간 버스 신세가 되고 있다. 자본의 활력과 기업 활동을 지속적으로 유지하기 위한 '전략적 돌파구'를 마련하는 것이 더 중요하다. '평등'이라는 미명하에 자본의 발목을 잡는 것은 사회전체의 비효율과 결과적 손실을 초래할 뿐이다.

평등주의가 사회파괴가 아닌 사회발전의 동력이 되려면, 부유층이 축적한 부를 국가가 최대한 많이 박탈하자는 낡고 오래된 사회적 시기심을 폐기해야 한다.

오히려 자본운동의 활성화를 촉진하고 그 성과물을 국가적 차원에서 공유하는데 국가 전략의 초점을 맞춰나가야 한다. 그것이 사회적 질투심이 아닌, 진정한 평등관념이다.

09
상속세, 소유권의 본질을 위협하다

근대의 시작, 소유권의 확립

근대의 문을 연 것은 이른바 '자유주의'라 부르는 역사의 기관차다. 이는 부의 개인적 축적을 인정하고 사적 판단에 입각한 경제행위의 자유를 광범위하게 보장하는 철학이다. 현대 자본주의에서 이는 상식으로 통용된다.

종종 자본주의의 핵심을 '경쟁'으로 요약하는 경우가 많은데, 경쟁 이전에 '소유권 확립' 단계가 있음을 상기할 필요가 있다. 사적소유는 근대 자본주의의 거대한 기초다.

지금은 각각의 개인이 자기 자산에 대해 저마다 배타적인 소유권을 행사하는 것이 극히 당연한 일이지만, 근대 자본주의가 뿌리내리기 이전, 봉건 시대에는 내 개인 재산에 대한 소유권 정립이 당연하지 않았다. 소유와 점유가 구분되지 않았고, 모든 개개인에게 추상적 소유권이 보장되지도 않았다.[7] 이 때문에 현대와 같이 하나의 자산에 하나의 배타적 소유권이 정립되지 못했다. 예를 들면 영국이 인도를 식민지로 만들고, 토지 조사 사업을 벌였는데 땅 한 곳의 주인이 6~7명 씩 나오는 바람에 애를 먹었다는 기록이 있다.

조선시대 백성들은 소유권이라고 할 만한 별다른 내용이 없었다. 대부분 지주들에게 착취당하는 존재에 지나지 않았다. 왕토사상이란 달리말해 해당 농지의 주인이 명확하지 않다는 의미이기도 했다. 힘있는 자들이 쉽게 빼앗을 수 있었던 것이다. 대한민국이 평등한 자영농의 나라가 된 것은 국가가 제대로 된 소유권을 보장하고 해방이후 농지개혁을 거치면서 부터였다.

사람은 이기적 존재라고 하지만, 개별적 인간은 아무 때나 경제행위를 하지 않는다. 내가 노력을 기울인 만큼, 그대로 나의

7 굳이 해당 자산을 실제로 지배하거나 점유하는지 여부와 상관없이 절대적으로 보장되는 소유권을 추상적 소유권이라고 할 수 있다. 예를들어 주식회사의 주주는 해당 회사를 실제로 보거나 방문한 일이 없어도 주주로서의 권리를 행사한다.

배타적 소유권이 축적될 수 있다는 확신이 있을 때만 경제행위가 시작된다. 즉 사람들이 경쟁적인 경제행위에 나서게 된 것은 분명 '소유권 기반'을 전제로 발생한 일이다.

그리고 이런 경쟁 속에서 사회 전체적으로 생산력의 향상을 초래하게 되었다. 인간과 인간의 등급을 나누던 기존의 정치적 신분과 계급이 모두 무너져 내렸고 사회적 총 생산능력도 획기적으로 증가했다.

자유주의 철학은 근대의 문턱에서 역사의 진행 방향을 크게 바꿔 놓았다. 국가권력이 개인의 물적 소유권은 물론 지적재산권까지 보장하자 누구라도 자신이 개발한 지식과 기술을 확실한 '나의 것'으로 만들어 영구적으로 영위할 수 있다는 확신은 더욱 확산되었다.

그 결과 오늘날에는 인류 전체가 절대빈곤선에서 탈출할 수 있게 되었다. 근대가 열리면서 사적 소유권이 보장되고 생산력이 발전하자 중국과 인도에서만 수억의 인구가 절대 빈곤에서 벗어날 수 있었다. 과학기술의 발전으로 평범한 노동자도 중세 시절 영주나 왕족 보다 훨씬 더 넓은 물리적 자유를 추구할 수 있게 되었다.

물론 지나친 사적 경쟁으로 부의 편중이 발생하는 문제가 발생하자, 일각에서는 개인이 영위하는 생산수단의 소유권 자체를 국가가 아예 확보해야 한다는 사상 즉 사적소유 자체를 아예 철폐하자는 공산주의 사상이 등장하기도 했다.

그러나 현대 조세제도는 이러한 소유권 폐지의 철학을 거부한다. 국가는 어떠한 경우에도 사적 소유의 본질적 영역을 침범할 수 없다는 점을 명시적으로 못 박아 놓고 있다. [8]

현대 조세제도는 철저히 이런 맥락하에 설계되었다. '민간 소유권' 자체는 건드리지 않고, 대신 그 소유의 결과 생산된 성과물을 조세과정을 통해 국가와 개인이 공유하고 있는 것이다.

---

8 대한민국 헌법 제37조 ①국민의 자유와 권리는 헌법에 열거되지 아니한 이유로 경시되지 아니한다. ②국민의 모든 자유와 권리는 국가안전보장·질서유지 또는 공공복리를 위하여 필요한 경우에 한하여 법률로써 제한할 수 있으며, 제한하는 경우에도 자유와 권리의 본질적인 내용을 침해할 수 없다.

상속세의 본질은 소유권 억압

상속세의 본질적인 문제는 이러한 '소유권의 본질'을 위협한다는 점에 있다. 왜 상속세는 현대 경제체제의 기본인 소유권의 본질을 억압하는 제도일까?

첫째, 상속세는 경제행위의 실체인 '가족 내부'의 경제력 이동을 방해하기 때문이다. 가족이라는 관점에서 볼 때 소유권은 본질적으로 세대를 넘은 지속적 계승을 의미한다. 세대를 넘어 계승할 수 없는 소유권은 완전히 보장된 소유권이 아니다. 내가 처분하지 않는 이상 내가 죽어도 남아있어야 본질적 의미에서의 소유권이라는 얘기다. 상속세는 이 지점에서 소유권의 대전제를 위협하고 있다.

둘째, 상속세는 약탈적 세금이기 때문이다. 앞서 언급했듯이 세율 자체가 매우 과도하다. 이는 정상 세금의 세율수준을 크게 넘어서는 약탈적 세율이다.

동시에 계산방식도 '약탈적 정산구조'를 갖추고 있다. 망자가 현물로 남긴 주식과 부동산 등을 죽은 시점의 시가로 평가해 생애재산 전체를 과세표준으로 삼는 방식이 바로 '약탈적 정산방식'이다. 바로 이 때문에 유족은 실현되지 못한 자산 소득을 현금으로 부담해야 하는 상황에 빠진다.

상속세가 갖고 있는 약탈적 세율과 약탈적 계산방식은 상속세의 설치 목적 자체가 '세금을 잘 걷는데' 목적이 있는 것이 아니라 '경제력의 가족 내 계승을 차단' 하는데 주목적이 있음을 단적으로 보여준다.

결론적으로 한국의 상속세는 표면상 조세의 형식을 띠고 있을 뿐, 실제로는 민간의 사적소유권을 제한하는 규제라고 할 수 있다.

상속세는 나누는 세금이 아니라 빼앗는 세금

근대 조세원리는 개인이 누릴 수 있는 기본적인 삶의 자유와 조건을 파괴하지 않기 위해 일정 수준 이상의 경제여력에 대해서만 세금을 부과하는데 있다. 즉 개인의 삶을 옥죄지 않을, 어느 정도 여유분의 경제여력에 과세하는 것이 기본이다. (그래서 소득세는 반드시 '공제'라는 단계를 거친다.)

이런 맥락에서 근대 이후의 조세는 민간의 남아도는 경제여력을 국가 차원에서 공유하는 효과가 있었고, 결과적으로 국가라는 이름의 공동체를 더욱 부강하게 만드는 중요한 기초가 되어왔다.

다시 말해 근대 국가의 조세는 왕조국가의 그것처럼 '뺏는 세금'이 아니라 '나누는 세금'이 되어 왔다는 것이다. 나누는 세금은 국가가 민간으로부터 구매력을 흡수하지만, 단순한 강탈로 끝나지 않는다. 이는 화폐회전을 일으켜 국가경제를 순환 시키는 역할을 한다.

즉 나누는 세금은 민간이 경제행위를 통해 창출한 성과를 '국가'와 민간행위자가 서로 공유한다는 의미를 지닌다. 이를 통해 결과적으로 민간자본의 활동성을 더 자극하고 확장한다.

바로 이 대목이 전근대의 약탈적 국가체제와 현대 국가를 구분 짓는 소득세 시스템의 근본적 유용성이다.

그러나 상속세는 '나누는 세금'이 아니라 '뺏는 세금'이다. 약탈적 세율과 약탈적 정산구조는 결국 그냥 민간의 자산을 강탈하는 것으로 끝나기 때문이다. '뺏는 세금'은 경제의 선순환을 일으키지 못한다. 납세자에게 좌절과 절망만을 안겨주고 어떻게든 빠져나가고 싶다는 강한 열정을 만들어 낸다.

상속세는 뺏는 세금의 전형적 유형이다. 하필이면 납세자가 죽음을 앞둔 시점에서 전혀 저항할 수 없는 길목을 지키고 있다가 고율의 약탈적 세율로 상대가 평생 축적한 성과를 빼앗는데 모든 목적의식이 있다. 한마디로 현대 조세체계의 기본정신을 무시한, 옳지 못한 세금이다.

“

조금만 생각해보면
상속세는 바보 같은 세금이다.
‘황금알을 낳는 거위’의 배를
가르기 때문이다.

”

2부

바보 같은 세금

자유로운 증여와 상속은 경제규모의 일상적 확장과 사회의 역동성을 보장하는 기본원리다. 그러나 상속세는 불과 3% 미만의 세수를 위해 경제 시스템 전체를 망가뜨리고 있다.

01
상속세, 황금알을 낳는 거위의 배를 가르다

상속세는 바보 같은 세금이다. 상속세는 경영권의 세대간 이전을 차단하고 소유지배구조 자체를 흔들기 때문에 기업주는 결국 세부담을 회피하기 위해 할 수 있는 모든 노력을 다하려 한다. 장기적이고 다각적인 노력을 기울이지 않을 수 없는 것이다.

문제는 이 과정에서 경제행위의 왜곡이 일어난다는 점이다. 상속세가 기업지배구조(=소유권)를 근본적으로 위협한 결과, 기업은 자신의 본분을 제대로 수행하지 못하고, 스스로 다양한 행위 왜곡을 일으킨다. 이 때문에 상속세는 국가경제 전반의 변태성을 초래하고 기업 자체를 파괴하는 결말을 가져온다.

이는 한마디로 세금 조금 더 걷으려다가 황금알을 낳는 거위의 배를 가르는 바보짓이다. 가만히 놓아두면 법인세와 직원들의 소득세, 그리고 경제활동 과정의 부가세를 모두 지속적으로 부담해 줄 국가 경제의 주요 기반(=기업)을 국가가 스스로 파괴하는 결말로 이어지기 때문이다.

닭은 놔두고 달걀만 뺏어야 한다

왜 근대 국가는 개인의 사적소유권은 건드리지 않고, 소유에서 비롯된 경제성과로부터 세금만 일부 뽑아 가는 것일까? 그것이 훨씬 유효하고 영리한 전략이기 때문이다. 즉 황금알을 낳는 거위의 몸체는 건드리지 않고 거기서 나오는 달걀만 영속적으로 계속 받아가는 것이 근대 국가의 기본 전략이다.

만약 국가가 개인의 소유권을 보장하지 않고 이를 뺏기 위해 노력했다면 그것은 달걀이 아니라 닭 자체를 잡아먹는 짓이 되었을 것이다.

현대 국가는 절대 닭 자체(기업 지배구조)를 파괴하지 않는다. 대신 닭에서 나오는 달걀(소득)만 일정 비율(조세)을 정해 닭과 나눠 갖는다. 이것이 현대 조세의 근본정신이다. 상속세는 바로 이러한 조세의 기본원리를 배반하고 있다.

만약 평생 황금알을 낳는 거위가 노쇠해서 죽을 때가 되었다고 해보자. 현명한 주인이라면 모든 정성과 노력을 기울여 황금알 중에 하나를 부화시켜 황금알을 낳는 거위를 재탄생시키려 할 것이다.

하지만 바보 같은 주인은 모든 황금알을 다 뺏어가는 바람에 결국 거위 자체가 파괴되고 더 이상은 황금알을 뽑아 먹지 못하는 파괴적 결말에 이른다.

상속세는 경제현장의 혼란을 초래한다

이후 살펴 볼 한국경제의 변태성들은 모두 기업들이 상속전략을 추구하는 과정에서 빚어진 경제행위의 왜곡 때문에 초래된 일들이다.

우리나라 기업의 오너들은 60%에 달하는 고율의 상속세율을 회피하기 위해 공식적인 승계 과정을 밟기 보다는 장기에 걸쳐 매우 창의적인 우회로를 개발해 왔다. 이 과정에서 기업인의 경제 행위는 정상궤도를 이탈해 왜곡되고, 경제 현장에서는 불필요한 혼란이 발생한다.

여기서 기업들의 다양한 상속세 회피 전략은 그 옳고 그름을 따지기 전에 기업 입장에서 매우 불가피하다는 점을 이해할 필요가 있다. 자신이 평생을 통해 일궈낸 전체 경제성과의 60%를 죽음과 함께 갑자기 국가에 반납해야 한다면, 그냥 순순히 이 상황을 받아들일 사람은 별로 없기 때문이다. 더군다나 조세의 영역에서는 탈세 외에 절세라는 개념도 있기 때문에 기술적으로 잘만 대응하면 엄청난 액수의 세금을 절약할 수 있다는 인식이 팽배한 상황이다.

전환사채 활용법

과거에는 상속세를 회피하기가 어렵지 않았다. 차명계좌를 활용하는 방법으로 경영권을 승계하면, 명목상 드높은 상속세율을 실제로는 상당히 회피할 수 있었던 것이다. (다시 말하면 이 때에도 상속세를 회피하기 위해서 차명계좌 같은 불투명한 경제적 기법과 편법이 필수적이었다.)

그러나 금융실명제 이후, 더 이상 이런 방법을 쓸 수 없게 되었다. 이후 등장한 전략이 전환사채나 신주인수권부 사채를 동원하는 승계전략이었다. 삼성 에버랜드 사건이 대표적이다.

1995년 이재용씨는 이건희 회장에게 60억8천만 원을 증여받았다. 여기서 증여세를 내고 남은 45억 원으로 비상장회사이던 에스원과 삼성엔지니어링 주식을 매입한다. 두 회사는 이듬해 상장했고, 이재용씨는 560억 가량의 상장차익을 거둔다. 그리고 이 돈으로 에버랜드 전환사채를 매입하고 주식인수권을 행사해서 단숨에 25.6%의 지분을 보유한 에버랜드의 최대주주가 된다.

1998년 에버랜드는 당시 비상장이던 삼성생명의 주식을 대거 매입하여 21%의 지분을 확보하면서 이건희 회장에 이어 2대 주주가 된다. 이재용씨가 에버랜드의 최대주주가 된 후, 이번에는 에버랜드가 삼성생명의 2대 주주가 된 것이다. 결과적으로는 이재용이 에버랜드를 지배하고, 에버랜드가 삼성생명을 지배하며, 삼성생명이 다른 삼성 계열사를 지배하는 구조가 탄생한다.

이러한 삼성의 상속세 회피전략을 압축해보면, 기업이 상속세를 줄이기 위해 얼마나 장기에 걸려 치밀한 노력을 할 수 밖에 없는지 어느 정도 이해 할 수 있다.

(만약 기업가들이 상속전략에 정신을 팔지 않고, 사업 확장에 더 노력했다면, 한국기업은 더 경쟁력을 가질 수 있을 것이다.)

그러나 앞서 언급했듯이 삼성은 그렇게 긴 시간에 걸쳐 집요하고 다각적인 노력을 기울인 뒤에도 결국 사상 최대의 상속세를 부담하고 말았다.

일감몰아주기

일감몰아주기 역시 상속세를 회피하기 위한 우회 전략으로 등장한 방법이다. 이를테면 기업총수의 자녀가 지배하는 비상장회사를 창업해서 일감을 몰아준 다음, 그 실적으로 회사가 성장하면 이를 나중에 계열사로 편입하거나 상장사로 전환해 상장차익으로 경영 승계에 필요한 자금(=상속세 재원)을 만드는 식이다.

이를 막기 위해 공정거래법은 '총수 일가 지분이 30% 이상'인 회사가 '상당히 유리한 조건'으로 내부거래를 한 것이 확인되면, 일감 몰아주기로 판단해 이를 '증여'로 간주해서 과세하는 규제를 만들어 놓고 있다.

이 때문에 대부분의 대기업들은 총수일가의 지분율을 30% 이하로 유지하거나 '상당히 유리하지 않은 조건'을 지키면서 일감몰아주기를 진행하고 있다. 한마디로 공정위의 칼날을 회피하기 위한 소모적인 숨바꼭질을 치러내고 있는 것이다.

분할 합병

분할 합병 역시 과도한 상속세 부담을 회피하면서 경영권을 승계 하는 전략으로 종종 활용된다. 분할 혹은 합병 과정에서 대주주 지분은 늘어나는데, 일반 주주 몫은 줄어드는 경우가 많기 때문이다.

이 때문에 일반 주주들은 분할 합병과정에서 기업에 대해 반감을 갖는 경우가 많다. 우리나라 주식시장에서는 물적분할이나 인적분할 같은 공시가 나오면 주가가 떨어지는 경우가 많다. 이런 공지가 곧 주가하락을 의미한다는 사실을 개미 투자자들은 경험적으로 알고 있다.

LG화학의 사례를 들어보자. LG화학은 2010년부터 13년간 배터리 사업부에 13조를 투자했다. 그러나 막상 배터리 사업이 본궤도에 올라 흑자를 내기 시작하자, 배터리 사업부를 분사해서 LG에너지솔루션으로 분할해버렸다. 더 큰 문제는 이 과정에서 인적분할 대신 물적 분할을 택했다는 점이다.[9] 물적분할의 경우 기존 LG화학 개미투자자들은 신설법인에서 동일한 지분을 갖지 못한다.

주주들이 LG화학에 투자 할 때는 밧데리 사업부의 성장성을 보고 투자한 것이지만, 물적 분할로 배터리 사업부문을 따로 떼어 LG에너지솔루션을 신설하는 바람에 전도가 유망한 신설 사업부에서 개인 주주들의 몫은 아예 사라져 버린 것이다.

이렇게 특정기업의 노른자만 쏙 빠져나가는 경우, 주주 입장에서는 알맹이 없는 회사의 주식을 갖게 된다. 기업가치의 상대적 하락을 앉아서 당하는 셈이다.

그런데 이러한 과정 즉 핵심사업부를 독립시키면서 기존 주주들이 혜택을 못 받게 되는 과정은 다른 의미에서는 신설 기업에

---

9 기업 분할에는 인적분할이 있고 물적분할이 있다. 인적분할은 주주라는 '인간'을 중심으로 기업의 지분을 재구성 하는 것이다. 따라서 새로 창설된 법인도 똑같은 지분률이 적용된다. 그러나 물적분할은 '기업'중심 관점이다. 즉 닭이 알을 낳듯이 모회사가 자회사를 생성하는 방식이다. 모회사가 자회사의 지분을 갖기는 하지만, 전체적으로 주주모집이 처음부터 다시 이뤄지고 따라서 기존 주주는 현재 지분을 적용받지 못한다.

서 대주주의 지배력이 높아지는 상황이 될 수 있다.

옥상옥 지배구조

'옥상옥(屋上屋) 지배구조'란 지붕 위에 지붕을 얹는다는 말처럼, 계열사를 지배하는 공식적인 지주사 위에 추가로 비상장 회사를 만들어 놓고 사실상의 실제 지주사 역할을 수행하는 행태를 말한다. 즉 '지주사 위 지주사'로 기업을 지배하는 방식이다.

앞서 예를 든 삼성 에버랜드(비상장) → 삼성생명→ 삼성계열사 구조도 역시 일종의 옥상옥 구조라고 할 수 있다. 우리나라 기업들은 (특히 수십개의 계열사를 거느린 재벌기업의 경우 상호출자 등으로) 이런 식의 매우 복잡한 지배구조를 갖는 경우가 많다.

하나의 예를 들자면 노스페이스로 유명한 영0무역의 경우, 공식 지주사는 영0무역홀딩스 이지만 영0무역홀딩스를 소유한 최대주주는 비상장사인 YSA이고, YSA를 지배하는 주체는 오너 일가가 되는 식이다.

이러한 옥상옥 구조는 당연히 '투명경영'과는 거리가 멀다. 앞서 언급한 전환사채, 일감몰아주기, 분할합병 등의 상속전략들이 모두 이런 옥상옥 구조를 통해 추진이 가능해진다. [10]

그렇다면 한국 기업은 왜 이렇게 복잡한 지배구조를 만드는 걸까? 그 이유는 대부분 안정적인 경영권 승계에 목적이 있다.

(미국 같은 선진 자본시장에서는 찾아보기 힘든) 옥상옥 구조는 인위적으로 주가 상승 여부를 통제하거나 승계전략을 추진하는 등 한국에서는 그 활용가치가 높다. 비상장사의 실적을 인위적으로 조작할 수 있고, 지주사와 계열사의 기업가치를 조절 할 수 있기 때문이다.

하지만 지주사, 계열사, 오너 등이 얽힌 복잡하고 불투명한 지배구조는 시장의 오해와 불신을 야기할 수밖에 없다. 한국경제의 2막을 열기 위해 반드시 해결하고 넘어가야 할 가장 중요한 전략적 과제가 바로 옥상옥 구조인 것이다.

---

10 한 때 상속세율이 70%에 이르렀던 스웨덴 역시 이와 비슷한 현상이 존재했다. 공익재단 등을 활용한 복잡한 기업 지배구조가 확산된 것이다. 이 역시 상속세 회피에 주요 목적이 있었다.

한국 경제의 변태성은 누구 책임인가

문제는 기업들이 이와 같은 복잡한 지배구조를 만들고 운영하게 된 책임이 과연 어디에 있는가? 하는 것이다. 문제를 아주 단순하게 1차적으로 바라보면, 기업을 욕하는 사람들이 많을 것이다.

하지만 우리는 문제의 원인을 '기업'의 도덕성에서 찾을 것이 아니라 '제도'에서 찾아 볼 필요가 있다. 기업들의 비용회피 노력은 사실상 '합리적 경제행위'에 가깝기 때문이다. 동시에 이 문제가 '도덕성'을 내세워 기업을 비난한다고 해결될 문제가 아니기 때문이다.

내가 평생 모은 재산의 60%를 어느 날 갑자기 국가가 가져간다고 할 때, 전력을 다해 세금을 줄이기 위한 다양한 방법들을 모색하는 것은 지극히 당연한 행동원리이다.

상속세에 관한 착각

상속세를 지지하는 많은 분들 중에는 부의 대물림을 막아야

하기 때문에 상속세가 꼭 필요하다고 생각하는 경우가 많다. 하지만 이는 착각이다.

상속을 차단하겠다는 취지로 상속세법을 만들었다고 해서 법조문에 적힌대로 현실이 그냥 조용하게 굴러가지는 않는다. 어떤 규제가 탄생하면, 규제의 대상이 될 존재들이 저마다 자기 사정에 맞춰 회피운동과 규제에 대한 저항을 추진하기 때문이다.

따라서 훌륭한 제도와 규제는 그로인해 당장 행동을 제약 당하는 당사자들이 과연 어떤 회피 전략으로 대응하고, 과연 그 결말은 어디로 귀속될 것인지의 문제까지 고려해서 설계된 제도라고 할 것이다.

상속세의 경우, 〈부의 대물림〉을 막겠다는 '선의'로 포장되어 있지만, 그 실질적인 결과는 〈기업의 영속성〉이 훼손당하는 치명적인 문제를 발생시킨다.

'지옥으로 가는 길은 선의로 포장되어 있다'는 말이 있듯이 부의 대물림을 막는다는 표면상의 좋은 취지가 결국 이상한 문제를 일으키고 마는 것이다. (겉보기에 뜻은 좋지만, 실제로는 본의 아니게 '지옥문'을 여는 경우가 비일비재하다. 사회주의가 대

표적이다. 온갖 좋은 말은 다 갖다 붙였지만, 결국 지옥문을 열었다)

결국 우리는 상속세로 인해 초래된 〈한국경제 변태성〉의 실태를 아무런 선입견 없이 적나라하게 성찰해 봐야 할 절박한 필요에 직면하고 있다.

국가는 상속세를 폐지하고, 대신 기업은 기존의 옥상옥 구조를 청산하는 사회적 대합의를 추진해야 한다. 이를 통해 좀 더 투명한 기업 지배구조를 건설하고 본격적인 밸류업 시대를 열어가는 국가 발전 전략에 대해 진지하게 고민할 단계인 것이다.

02
회장님, 아무 때나 죽으면 안 됩니다

가끔 상속세의 부작용이 전면에 드러나는 경우가 있다. 고령의 대주주에게 찾아오는 갑작스런 사망이다. 이 경우 오너의 사망이 곧바로 (국가발전의 주요 수단인) 기업의 몰락으로 이어질 수 있다.

실질적인 상속세 최고세율이 60%에 이르는 상황에서 대주주의 갑작스러운 사망이 발생하면 경영권의 사적 소유는 뿌리 채 흔들릴 수밖에 없기 때문이다. 이를 〈상속세 리스크〉라고 할 수 있다.

대주주의 사후 상속문제를 체계적으로 준비하는 기업이나 개인은 많지 않다. 이런 상황에서 창업주나 대주주가 준비 없는 사망에 이르게 되면 유족들은 가족을 잃은 슬픔 이전에 상속세로 인한 후폭풍을 먼저 걱정해야 하는 상황에 처한다.

한 예로 '농우바이오'를 들 수 있다. 농우바이오는 국내 1위 종자기술을 보유한 회사로 2013년 기준 매출액 670억 원, 종업원 수 400명에 이르는 건실한 기업이었다. 하지만 2013년 8월, 대주주의 갑작스런 사망사건이 발생했다.

회사는 소유와 경영이 분리되어있던 상태라 '가업상속공제제도'의 혜택을 받지 못했고, 결국 상속세가 1,000억 원이 넘게 부과되었다. 상속인은 거액의 상속세를 납부할 능력이 없어 결국 농협경제지주에 회사를 매각하고 말았다.

손톱깎이 업체 '쓰리세븐(777)' 역시 갑작스런 대주주 사망으로 상속세 폭탄을 맞은 사례다. 쓰리쎄븐은 손톱깎이로 30년 이상 세계 시장을 누볐다. 수출 비중이 전체 매출의 90%를 차지했고, 2007년에는 세계시장 점유율 1위 (32%)를 기록했다.

중소업체라는 핸디캡을 극복하고 '손톱깍이' 하나로 세계를 평정한 유망 기업이 된 것이다. '777 THREE SEVEN'이라는 상표는 2002년 통상산업부 장관 지정 '세계 일류화 상품'에 선정되기도 했다.

그러나 세계에서 인정받는 글로벌 강소기업은 2008년 창업주 김형규 회장이 갑자기 사망하면서 모든 상황이 뒤죽박죽되기 시작했다.

상속법에는 증여자가 5년 안에 사망하면 증여를 상속으로 간주하는 조항이 있는데 김형규 회장이 2006년, 가족과 임직원들에게 370억 원이 넘는 주식을 증여했기 때문이었다. 바로 이 주식이 김형규 회장의 별세로 졸지에 '상속'이 되었고 이 일로 인해 유족들은 느닷없이 약 150억 원의 상속세를 부과 받게 되었다. 결국 재원을 마련하지 못한 유족들은 지분 전량을 중외홀딩스에 매각하는 길을 택했다. 유망 중소기업이 한순간에 비운의 기업이 된 것이다. 상속세가 회사의 존립 자체를 어렵게 만들면서 글로벌 강소기업의 경쟁력은 크게 떨어졌다.

넥슨, 김정주 회장 사례

2022년 넥슨의 김정주 창업주가 우울증 치료를 받던 중 갑자기 사망했다. 향년 54세의 나이였다. 1968년생인 고(故) 김정주 창업주는 1988년 서울대 컴퓨터공학과 재학 시절, 일본에 갔다가 닌텐도 게임기를 사려고 줄을 길게 서 있는 사람들을 보고 게임 산업에 눈을 떴다.

KAIST 박사과정에 진학한 김정주 창업주는 6개월 만에 학업을 중단하고, 대학 동기와 함께 1994년 서울 강남구 역삼동의 작은 오피스텔에서 단돈 6,000만원의 자본금으로 넥슨을 창업했다.

이후 넥슨은 개념조차 생소했던 온라인 게임 분야를 개척해나갔다. 세계 최초의 그래픽 온라인 게임인 '바람의 나라'를 비롯해 '카트라이더' 등을 크게 성공시켰다. 그 결과 창업 25년 만에 회사는 시가총액 25조원에 이르는 거대 기업으로 성장했다.

그러나 이 역시 창업주이자 대주주가 갑자기 사망하면서 넥슨 전체가 커다란 위기에 직면하게 되었다. 김 창업주의 유족이 부담할 상속세 규모는 6조원이 넘었다. 이는 삼성가에 이어 역대 두 번째 규모의 세부담이다.

아무리 재벌이라 해도 6조의 현금을 들고 있을 수는 없다. 따라서 이런 경우, 연부연납 제도를 활용해 세금납부를 지연 시키면서 한편으로는 금융기관으로부터 담보대출을 받는 경우가 많다.

김정주 창업주의 유족들 역시 상속세를 한 번에 납부하기 어렵다고 판단하고 10년간 연부연납[11] 제도를 선택했는데 이렇게 10년간 나눠 낸다 해도 해마다 약 5,500억 원씩 납부해야 한다.

상속세 납부를 위한 대출은 통상 주식 담보 대출을 활용한다. 고(故) 김정주 넥슨 창업자의 유족측은 JP모건과 골드만삭스를 통해 도쿄 증시에 상장된 넥슨 지분을 담보로 약 7,000억원 규모의 대출 계약을 받은 것으로 알려졌다.

그런데 문제는 상속세를 내기 위해 주식을 담보로 대출을 받는 경우 상당한 유동성 위험에 노출된다는 점이다. 만약 대출을 받은 상태에서 금리가 오르게 되면, 엄청난 추가 금융비용을 부

---

11 납세자가 거액의 세금을 준비할 수 있도록 상속세 또는 증여세의 일부를 장기간에 걸쳐 나누어 납부하도록 허용해주는 제도이다. 연부연납을 신청하기 위해서는 담보를 제공하고, 연납에 따른 가산이자를 내야 한다. 연부연납 제도는 보통 5년에 걸쳐 분할납부 할 수 있지만 가업상속의 경우 장수기업의 원활한 가업승계를 지원하기 위해 (2018년부터) 3년 거치 최장 10년 납부로 기간이 확대됐다.

담하게 되기 때문이다. 고(故) 김정주 넥슨 창업자의 유족 역시 이자 부담이 클 것으로 예상된다.

경기가 나빠지거나 주식시세가 떨어져도 재산을 고스란히 날릴 위험이 있다. 만약 주식시장이 안 좋아져서 주가가 떨어지면 담보를 잡고 있는 은행 쪽에서 담보인 주식을 더 제공해 달라고 요구하기 때문이다.

이 과정에서 현금부족에 시달린 유족이 갖고 있는 주식으로 해결이 되지 않으면 결국 주식을 팔 수 밖에 없는데, 이 때문에 주식 매도 물량이 대량으로 쏟아지면 주가는 더 폭락하는 악순환이 발생한다.

(결국 상속세 부담을 못이긴 유족들은 결국 현금 납부대신 주식으로 세금을 납부하는 '물납' 방식을 일부 채택한다. 상속세 재원 마련을 위해 약 30%에 달하는 주식을 정부에 현물로 납부한 것이다. 이로써 기획재정부는 국내 최대 게임회사 지분의 29.3%를 보유, 넥슨의 2대 주주가 되는 웃지 못 할 상황이 만들어진다.)

과도한 상속세 탓에…정부가 '넥슨' 2대 주주된
코미디 같은 현실

매일경제 2023.6.1

"셀트리온, 국영 기업이 될 수밖에 없다."

한미약품 대주주 일가의 경우, 2020년 고 임성기 회장의 타계 이후 5,400억 원에 이르는 상속세를 납부하고 있다. 연부연납 제도를 통해 5년 동안 상속세를 분할납부하기로 했지만 상속세 재원 마련에 애를 먹던 유족측은 보유 지분을 담보로 급전을 빌리는 주식 담보대출 비율이 50%를 넘겼다.

고 이건희 회장의 타계로 약 12조원 규모의 상속세를 부담하던 삼성 일가도 지분을 팔아 상속세 재원을 마련하고 있다. 홍라희 전 리움미술관장은 약 1조3000억 원 규모의 삼성전자 지분을 매각했고, 이부진 호텔신라 사장과 이서현 삼성복지재단 이사장은 보유한 삼성SDS 지분 3.9%를 매각한 것으로 보도된 바 있다.

결국 대주주의 부재 속에서 유족은 회사 경영권을 포함해 거의 모든 것을 빼앗길 위험에 노출되는 것이다.

아예 처음부터 상속세 때문에 "경영권 상속이 사실상 불가능하다"고 토로하는 기업도 나오고 있다. 국내 굴지의 바이오 기업인 셀트리온이 대표적이다. 서정진 셀트리온 회장의 재산은 2024년 1/4분기 기준으로 11조원이 넘는 액수를 기록했는데 이를 기준으로 계산해보면, 납부해야할 세금이 5조원 이상 될 것으로 추정된다. 5조원을 현금으로 국세청에 납부하고 나면, 지분율이 크게 줄어 지배구조가 흔들리지 않을 수 없다.

이 때문에 서정진 회장은 상속세 문제에 대해 심각한 부담감을 드러내기도 했다. 2023년 10월, 기자회견 자리에서 "상속·증여세를 내면 경영권을 승계할 방법이 없다. 이런 상황에서는 셀트리온이 국영기업이 될 수밖에 없다"고 말하기도 했다.

재계 순위 22위의 부영그룹 역시 상속세 문제가 큰 근심 거리이다. 부영그룹은 창업주가 계열사 지분의 대부분을 소유하는 구조다. 언론이 추정하는 부영의 자산 규모는 약 1조 8000억 원. 이를 기준으로 상속세를 계산해 보면, 최대주주할증 포함 60%의 세율이 적용되어 약 9,000억원에 달하는 세금부담이 예정되어 있는 것으로 보인다.

여기서 큰 문제는 부영그룹의 소속사들이 모두 비상장사라는 점이다. 삼성그룹이나 넥슨 처럼 연부연납제를 적용 받으려면 법적으로는 상장회사라는 조건을 갖춰야 하는데 부영그룹 계열사들은 모두 비상장인 상황이라 모든 상속세를 일시불로 지급해야 하는 최악의 상황이 올 수도 있다.

외국의 사례로는 아스트라제네카의 경우를 들 수 있다. 아스트라제네카는 코로나 시기에 백신으로 유명해진, 우리에게도 익숙한 기업이다. 이 회사 역시 대주주 사망으로 기업의 주인이 바꿔고 말았다. 아스트라제네카는 원래 아스트라는 이름의 스웨덴 제약회사였지만 대주주 사망이후 상속세를 마련하지 못해 결국 영국기업인 '제네카'에 매각되어 아스트라제네카가 되었다.

기업이 경영을 잘못해서 무너지면 도태되는 것이 당연하겠지만, 잘 굴러가던 회사가 창업주의 사망이나 상속세 부담 때문에 순식간에 소유기반 자체가 흔들리고, 경영권 승계가 좌절된다면. 그리고 본의 아니게 국가권력이 민간기업의 지분구조에 참여하게 된다면, 이것은 뭔가 괴상한 시스템이라고 밖에는 볼 수가 없다.

국가소유가 걱정되는 기업들

지금 우리나라엔 이러한 상속세 리스크에 노출된 기업들이 많다. 고령의 대주주가 혼자서 높은 비중의 지분을 갖고 있는 회사들 대부분이 바로 그런 기업들이다.

개인 대주주 지분이 높은 기업들을 따져보면, 이런 사례를 쉽게 찾을 수 있다. 치킨으로 많이 알려진 '교OF00'라는 기업은 대주주 지분율이 73%에 이른다. 식품업으로 유명한 '주식회사

풀00'도 개인 대주주가 54%를 갖고 있다. 이런 기업들이 상속 문제에 직면하게 되면 매우 골치가 아플 수밖에 없다.

예를 들어 대주주가 혼자 70%의 지분을 갖고 있는 상태에서 어느날 갑자기 회장님이 돌아가시면, 난데없이 전체 지분의 60%를 국가에 세금으로 내야 하는 사태가 발생하는 것이다.

이렇게 예상치 못한 고액의 세부담이 발생하면, 결국 유족은 고스란히 기업을 뺏길 수밖에 없고 이 기업은 국가소유로 전락할 가능성이 높다.

게임회사의 2대 주주로 등극한 기획재정부가 머지않아 식품회사, 농기계회사, 반찬가게, 닭집 등의 최대 주주가 될 날이 다가오고 있는 것이다.

02
증여세가 경제의 순환을 방해한다

노노상속이 경제를 망친다

'노노(老老) 상속'은 부모와 자녀가 모두 노령층인 현상을 뜻한다. 즉 사회가 고령화 되면서 자식세대가 50~60대 고령이 되고 나서야 노부모에게 재산을 상속 받는 상황이다.

90대의 노모가 70대의 아들에게 상속재산을 물려주는 이러한 현상은 일본에서 이미 1990년대부터 확산됐다. 1998년 46.5%였던 80세 이상 피상속인 비중은 2015년에는 68.3% 까지 올라갔다.

〈노노(老老) 상속〉 문제는 일본의 잃어버린 30년을 초래한 원인으로 평가된다. 국가 경제를 순환시켜야할 민간 재원이 고령층 안에만 머무르기 때문이다. 노노상속은 고령자들이 돈을 장롱에 쌓아두기만 하고 소비를 하지 않는 장롱예금 현상의 원인으로 지목된다.

실제로 일본은 인구가 1억2천만이 넘고 GDP에서 차지하는 내수 비중도 우리나라 보다 높지만, 끊임없이 저조한 내수에 시달렸다.

그렇다면 일본경제를 괴롭히고 있는 노노상속은 왜 계속되는 것일까? 일본경제의 내수 부진 원인으로 일본의 상속세·증여세 시스템이 지목된다. 일본의 상속·증여세율 역시 세계 최고 수준이기 때문이다.

증여세가 높을 경우, 부모세대는 자식이 노인이 될 때까지도 재산을 제대로 물려주지 못한다. 이 때문에 자식세대 역시 돈 한번 제대로 써보지 못하고 노인이 되는 악순환이 반복된다.

이런 인식 때문에 일본 정부는 '노노상속' 문제를 해결하겠다며 '증여'를 장려하는 정책을 쓰기 시작했다. 2013년부터 교육비에 대해서는 증여세 비과세 혜택을 부여했고, 2015년부터는 거주용 주택 구입비나 결혼출산육아 비용 등에 대해서도 증여세 비과세를 실시 중이다.

우리나라도 시작된 노노상속

문제는 우리나라도 똑같은 문제가 발생하고 있다는 점이다. 2017년 상속세 부과대상 중에, 재산을 물려주는 피상속인의 나이가 80대 이상인 경우가 51.4%로 전체의 절반을 넘어섰다. 70대(27.2%)까지 포함하면 전체 피상속인의 78%는 70살 이상이다. 이는 상속을 받는 자녀 대부분이 50~60대라는 의미이기도 하다.[12]

젊은 층이 부모세대의 경제력을 이전 받지 못하고 시간을 끌다가 상속을 받을 때 쯤 되면 이미 소비성향 자체가 고령화 되는 일본의 노노상속이 한국에서도 점점 현실화 되고 있는 것이다.

---

12 미래에셋은퇴연구소 '고령사회와 상속시장 현황 및 과제'

증여세, 돈맥경화의 주범

고령층과 중장년층은 '소비성향'에 큰 차이가 있다. 고령의 부유층은 사실상 구매력을 사장시키고 있는 경우가 많다. 고령층은 수입이 없는 노후의 긴 시간을 걱정해 소비를 하지 않고 자산을 쌓아두기만 하는 경향이 강하다. 다시 말해 돈을 단순히 장롱에 쌓아두는 경우가 많다.

반면 30~40대의 경우, 주택 구입, 자녀 교육 등 수요처가 많다. 이들은 특히 신상품과 신문물에 관심이 많아, 왕성한 소비로 국가경제의 순환을 일으키는 첨병 역할을 한다.

노노상속의 치명적인 문제는 상속인의 소비성향이 노령화 된 이후에 구매력이 전달되기 때문에 결국 물려받은 재산을 왕성하게 사용하는 것을 기대할 수 없다는 점에 있다.

상속인이 평균 60~70대가 넘어서 부모의 재산을 상속을 받으면, 특별한 소비나 투자없이 이를 그대로 20~30년 동안 '저축'으로 묵혀 놓았다가, 또 다시 고령층의 손자에게 물려주는 과정을 반복할 가능성이 높다. 늦은 나이에 상속을 받은 고령층은 자신 역시 많은 재산을 그대로 남겨둔 채 세상을 뜨는 셈이다.

이런 악순환을 끊기 위해서는 생전증여를 촉진해서, 소비성향이 높은 젊은 세대로의 소득이전을 강력히 유도해야 한다. 다시 말해 국가의 경제전략이라는 차원에서 보면, 자식세대가 한 살이라도 젊었을 때 재산을 물려받는 것이 좋다.

증여세의 장벽이 사라지게 되어, 사장된 구매력이 젊은 상속인의 손에 넘어가서 소비에 쓰이면, 그만큼 기업의 매출이 늘어나고 그것은 또 다시 급여 형태로 젊은이들에게 분배되는 선순환이 일어난다.

떡볶이집 하나도 자본이 필요하다

증여세가 존재하는 이유는 간단하다. 증여세 역시 세수를 확보하기 위한 세금이 아니다. 이는 상속세를 회피하는 우회로를 차단하기 위해 만들어놓은 일종의 차단규제이다.

예를 들어 상속세만 존재하고, 증여세가 없다고 해보자. 이 경우 사람들은 상속세를 회피하기 위해 모두 생전에 증여할 것이다. 이러한 우회로를 차단하기 위해 존재하는 세금이 바로 증여

세다. 따라서 증여세의 세율은 상속세와 동일하다.[13]

그런데 바로 이 증여세 때문에 부모세대의 생전에 자식세대로의 구매력 이전이 강력한 방해를 받고 있다. 증여세 때문에 민간에 존재하는 광범위한 자본의 힘이 회전하지 못하고 이른바 돈맥경화를 일으키고 있는 것이다.

노년층의 장롱에 잠자고 있는 현금이 청년층에게 전달되기만 해도 돈이 돌고 소비와 투자에 큰 활기를 띨 수 있다. 돈이 돈다는 것은 경기가 활성화된다는 것이다.

어느 나라이건 '민간 자본'의 형성 없이 경제발전이란 불가능하다. 새로운 신산업의 발전은 더더욱 불가능하다. 우리가 거리를 걸으면서 만나게 되는 수많은 상점과 가게들이 모두 '민간자본'의 산물이다. 작은 떡볶이집 하나를 창업하려해도 그 만큼의

---

13 상속 증여세율은 아래와 같다.

과세표준	상속세율	증여세율
1억 원 이하	10%	10%
5억 원 이하	20%	20%
10억 원 이하	30%	30%
30억 원 이하	40%	40%
30억 원 초과	50%	50%

민간 자본이 존재해야 한다.

그런데 민간자본의 대부분을 60대 이상이 소유하고 있는 상황에서 증여세라는 악법이 자본의 세대간 이전을 차단하고 있는 것이다. 국가 경제발전의 중대한 걸림돌이 아닐 수 없다.

민간의 자본회전을 방해하면 우리사회는 '경제활력' 자체가 위축된다. 이런 상황이 지속되는 한, 국가 경쟁력은 퇴보할 수밖에 없다.

04
증여세, 저출산 해법의 걸림돌

국가적 차원에서 볼 때 증여세는 '저출산' 문제의 해결을 방해하는 심각한 장애물이다. 2022년 한국의 합계 출산율은 [14] 세계 최저 수준인 0.78명이다. 1996년 43만5000건이던 혼인신고는 2021년에는 20만 건 이하(19만3000건)로 떨어졌다. 20년 만에 반토막이 난 셈이다. 베이비 붐 세대와 비교해 볼 때 신생아 숫자는 거의 1/3 수준으로 떨어졌다.

이러한 치명적 저출산의 근본적인 이유는 역시 청년세대의 취업난과 그에 따른 주거비 및 양육비 등에 대한 경제적 부담 때문이라고 볼 수 있다.

---

14 여성 한사람이 평생동안 낳을 것으로 예상되는 아기의 수

우리나라는 국가 전략 차원에서 '저출산 문제'를 해결하기 위해 엄청난 예산을 투입해왔다. 하지만 국가 예산을 동원한다고 해서 '청년층'이 안심하고 결혼과 출산에 나서기는 어렵다.

현실적으로 학업이나 취업준비 등에만 전념해 온 청년세대가 오롯이 자신의 힘만으로 '부'를 축적해서 결혼자금을 마련하고 출산 후 양육비 까지 조달하기는 쉽지 않기 때문이다. 특히 주택가격의 급등으로 신혼부부 들이 자기 힘으로 주택비와 자녀양육비를 조달하기란 불가능에 가까운 일이 되었다.

이런 상황에서 현실적으로 힘이 되어줄 사람이 바로 부모세대다. 부모세대의 경우, 이미 오랜 시간 축적해놓은 경제력이 있기 때문에 자녀세대의 결혼비용이나 주거구입비 등을 지원해줄 자본여력이 존재한다.

문제는 바로 이 지점에서 증여세가 가족간 부의 이동에 차단벽으로 작용한다는 사실이다. 즉 현재의 증여세 시스템에서는 특히 부모세대가 자녀에게 결혼비용이나 주거비용 등을 지원하기가 매우 곤란하다.

증여세법이 과세 대상으로 삼는 '증여'의 개념은 "직·간접적인 방법으로 다른 사람에게 무상으로 유·무형의 재산이익을 이전시키거나 다른 사람의 재산가치를 증가시키는 것"으로 규정된다. 다시 말해 다른 사람에게 대가없이 넘어가는 이전소득 전반을 대부분 증여로 간주하는 포괄적 규정이 적용되고 있는 것이다.[15]

물론 자녀에 대한 증여세 일부공제 조항이 있기는 하다. 현행 상속세 및 증여세법에서는 성인이 된 자녀가 직계 직계존속으로부터 증여를 받은 경우 10년간 5,000만원 (미성년자가 증여를 받을 경우 2,000만원)을 증여재산가액에서 공제하도록 하고 있다.

이 공제한도는 2014년에 3,000만원에서 5,000만원으로 인상한 후 9년째 변동없이 현재에 이르고 있다. 쉽게 말해 5천만원까지는 부모가 자녀에게 건네 줘도 증여세를 내지 않는다는 말이다.

그러나 '10년간 5천만원'은 너무나 적은 금액이다. 상식적으

---

15 사회 통념상 인정되는 치료비나 생활비, 교육비, 장학금, 기념품, 축하금, 부의금 정도만 예외를 인정한다.

로 주택을 구입하거나, 안정적으로 자녀를 양육하기에는 턱없이 모자라는 금액이다.

이 때문에 일부에서는 증여세부담을 회피하기 위해 실제 증여임에도 불구하고 '빌려주는 돈'으로 위장하거나 현금으로 증여하는 등의 편법을 동원하는 경우가 많다.

이러한 증여세 장벽은 특히 상대적으로 여유가 없는 계층에게 더 큰 압박으로 작용하고 있다. 재력이 넉넉한 부모의 경우, 합법적으로 증여세신고를 거친 뒤, 정상적인 세금을 납부하고 증여를 해도 부담이 없는 반면, 넉넉하지 않은 상황에서 자녀에게 힘들게 증여하는 계층의 경우, 세금까지 내라고 하면 아예 증여를 포기하는 경우가 많다는 것이다.

현 증여세 시스템은 부모세대의 경제적 능력을 자식세대로 이전시키는 경로를 가로막고, 결국 청년세대의 결혼과 출산을 위한 경제적 조건 형성을 방해하고 있는 것이다.

증여세, 불필요한 국민감시망을 형성하다

증여세를 부과하기 위해 정부가 동원하는 '증여세 감시망'의 문제도 있다. 정부는 증여세 시스템의 실효성 확보를 위해 개인간 화폐이동과 세대간 자본이동을 철저히 감시하기 때문이다.

앞서 언급했듯이 현재 증여세 제도에 따르면 국가는 부모-자식간 경제력 이전에 대해 10년 동안 5,000만 원만 공제해 준다. 문제는 이 상한선이 지켜지는지 확인하기 위해서 국가는 개인의 전 생애에 걸친 화폐흐름을 파악한다는 점이다.

증여세의 실효성을 확보하기 위해 각 개인의 가족간 현금이동과 계좌 거래는 모조리 국세청의 감시 영역이 된다. 정부가 국민의 계좌를 감시 영역에 둔다는 것은 국민의 일생을 감시하는 것과 비슷한 의미이다. 증여세가 존재하는 한 개인의 생애 전반에 걸쳐 정부의 간섭을 피할 수가 없는 것이다.

증여세 시스템은 적반하장 세금이기도 하다. 정부의 실패한 감시에 대해서는 나중에 국민에게 책임을 지우기 때문이다. 증여세 처리에 실패하는 바람에 자식세대가 엉뚱한 유탄을 맞는 경우가 있다.

예를들어 상속인의 통장에서 갑자기 큰 돈이 사라졌는데 이 돈이 어디에 쓰여졌는지 용처를 제대로 밝히지 못하면, 국가는 이를 자녀에게 증여한 것으로 간주하는 것이다.

용처를 증빙할 수 있는 영수증 등을 챙겨 놓으면 증여세를 피할 수 있지만, 이런 경우가 아니라면 국가는 해당 돈이 자녀에게 증여된 것으로 '간주'해 고율의 증여세를 부과하는 식이다.

증여세를 폐지하면 민간의 소비와 거래가 증가 할 것이라는 추정은 어렵지 않게 할 수 있다. 증여세 및 증여세 감시망이 없다면 당장 소비시장으로 튀어나와 속편하게 돌아다닐 수 있는 수십조의 자금이 증여세 때문에 정부의 눈을 피해 장롱 속에 숨어있거나 비공식 영역에 잠자고 있을 것이기 때문이다.

증여세, 민간 기부도 차단한다

자본주의가 고도화 될수록 기부문화의 확산도 함께 이루어지는 것이 바람직하다는 점에는 누구나 쉽게 공감할 것이다. 그러나 〈증여세 시스템〉은 이러한 사회적 기부마저 차단하고 있다.

대표적 사례가 2008년 증여세 폭탄을 맞은 수원교차로 사건이다. 수원교차로의 창업주 고(故) 황필상 박사는 2003년 수원교차로 주식과 현금 등 210억원을 아주대와 공동 설립한 장학재단에 기부해 대학생 1000명을 지원했다. 그런데 이러한 기부에 대해서조차 국세청은 증여세 140억 원 (가산세 포함)을 부과했다.

장학금 기부에 증여세가 부여되는 이유는 앞서 말했듯이 증여세의 존재 자체가 애당초 '상속세의 구멍'을 막기 위한 의도로 설계 되어있기 때문이다.

즉 증여세의 존재의의는 생전 상속을 통해 상속세의 회피를 막는데 있다. 이 때문에 증여세는 다른 사람에게 대가없이 넘어가는 이전소득 전반을 대부분 증여로 간주하는 '포괄적인 관점'을 택한다.

이런 맥락에서 특히 증여세는 법인이나 기업의 주식 보유분을 증여로 간주하는데 민감하게 반응한다. 수원교차로 사건 역시 지분 5% 이상을 기부할 경우 최고 60%까지 증여세를 부과할 수 있다는 규정에 따른 것이다. 결국 증여세 때문에 황 창업주는 집까지 압류 당했고, 가산세가 계속 불어나 전체 세액은 225억

원까지 늘었다.

다행히 거의 10년에 걸친 소송 끝에 대법원은 "경제력 세습과 무관하게 기부를 목적으로 한 주식 증여에도 거액 증여세를 매기는 일은 부당하다"며 증여세 140억 원을 취소하라고 판결했지만, 그동안 한 기업인이 겪어야 했던 고통은 끔직했다.

백범 김구 선생의 자손들도 하버드대 등 해외 대학에 거액을 기부했다가 '세금 폭탄'을 맞은 사례가 있다. 김구 선생의 차남인 고(故) 김신 전 공군참모총장은 2006년부터 10여 년간 해외 대학에 한국학 강좌 개설 등을 지원하는 취지로 약 42억원을 기부했다.

그런데 김 총장 사망 후, 국세청이 자녀들에게 증여세 27억 원을 부과하는 일이 발생한다. 공익 법인에 기부한 재산은 증여세를 감면 한다는 규정이 있지만 여기에 해외 소재 공익 법인은 제외되어있기 때문이었다. 분쟁 끝에 세금은 13억원으로 줄어들었지만, 현 증여세 시스템이 개인의 숭고한 기부의지를 증여세 폭탄으로 되갚는다는 기막힌 현실은 다시 확인 되었다.

이러한 증여세 문제 때문에 사회적 기부의지는 크게 후퇴하고 있다. 박현주 미래에셋그룹 회장은 국가인재육성을 위해 미래에셋컨설팅의 지분 25%를 〈미래에셋희망재단〉에 기부하기로 선언하면서 '기부는 현행 규제 등이 완화되는 시점에 이뤄질 예정'이라고 단서를 달기도 했다. 현 제도하에서 이런 식의 기부는 막대한 증여세 폭탄으로 이어질 위험이 크기 때문이다.

05
상속세, 정작 금수저는 못 막는다

상속세가 평등한 부의 분배를 실현하기는커녕 오히려 걸림돌이 되고 있다는 사실은 과도하게 설정된 상속세 부담을 정작 거대 기업들은 피해가고, 중소기업만 충실히 부담한다는 점에서도 두드러진다.

왜 주로 작은 기업들이 과도한 상속세의 타깃이 될까? 이 문제는 상속세 처리에 있어 엄청난 실무적 대비가 필요하다는 사정과 관련이 깊다. 대기업의 경우, 옥상옥 구조 등으로 매우 장기에 걸쳐 치밀하게 전략적인 상속을 준비한다. 사전에 장기 전략을 미리 작성하고 이를 수십 년 전부터, 차근차근 실행에 옮길 수 있는 조직과 자금과 정보력이 있다.

자체 법무팀을 운영하거나 대형 법무·세무법인들을 사전에 동원하여 적극적으로 지분율 혹은 거래규모, 주가수준 등을 조율하면서 과세대상에서 빠져나가기 위한 치밀한 작업을 장기에 걸쳐 기획하고 집행해 나간다.

그러나 중소기업은 이런 능력이 절대적으로 부족하다. 기업경영에만 전념하다가 겨우 어느 정도 성장기반을 마련할 시점에서, 갑자기 상속문제를 걱정해야 되는 상황에 직면한 중소기업은 이 문제를 처리할 노하우나 조직, 전문 인력 같은 대비 능력이 없다. 이 때문에 법령에 명시된 그대로 상속세를 얻어맞는 경우가 대부분이다.

대기업은 빠져 나가기 쉽다

일감몰아주기의 예를 들어보자. 일감몰아주기를 규제하는 취지는 당연하게도 주로 '재벌그룹'을 규제하기 위한 것이다. 그런데 당초 취지와는 달리 일감몰아주기 신고 된 과세대상을 살펴보면 중소 중견기업이 98%를 차지하게 되었다.

대기업들은 과세당국의 제도신설 과정에 발 빠르게 대응할 수 있는 준비와 능력을 갖추고 있기 때문에 아예 신고 대상에서 제외 될 수 있었던 것이다. 예를 들어 일감몰아주기의 규제 대상이 '지분30% 이상 소유 주주'라는 정보를 입수한 대기업은 총수일가의 지분률을 신속하게 29.99%로 조정하고 일감 몰아주기 규제 대상에서 빠져나가는 식이다. [16]

비상장 중소기업에 더 가혹한 상속세

중소기업의 경우 비상장회사가 대부분이라는 점도 문제다. 비상장 회사는 상장 회사들보다 더 많은 상속세를 부담한다는 것이 중론이다.

그 이유는 상속인이 물려받은 비상장 기업이 얼마짜리인지?를 평가하는 과정이 매우 엄격한데다가, '시가'를 기준으로 평가 받도록 되어있기 때문이다. 상장 회사는 시세의 변동에 개입할 수 있는 여지라도 있지만, 국세청으로부터 시가 평가를 준용

---

16 현대자동차그룹의 경우 현대글로비스의 2020년 전체 매출 중에 70% 이상이 내부거래로 발생했지만 오너일가의 현대글로비스 지분을 합치면 29.99%로 30%가 넘지 않아 일감 몰아주기 규제 대상에서 제외되었다.

하는 방법을 적용받은 비상장 기업은 명목상 상속세를 빠져나갈 방법이 전혀 없다. [17]

결국 상속세 관련 승계 전략을 미리 준비하지 못한 중소기업은 대주주의 사망과 동시에 경영권을 고스란히 정부에 뺏길 수밖에 없다. 정부의 정책변화에 대응능력을 갖지 못하는 중소, 중견 기업인들 그리고 시간과 지식과 경험이 부족한 개인들만 상속세를 법조문에 적힌 내용 그대로 적용 받는 것이다.

---

17 이런 맥락에서 일본은 비상장 중소기업 승계의 경우, 상속세의 80%와 증여세의 100%를 5년간 유예하는 제도를 운영하고 있다.

06
가성비 최악의 세금

많은 사람들은 상속세에 대해 '사회 불평등 해소를 위한 세금'으로 생각한다. 하지만, 실제 내용은 전혀 그렇지 못하다. 상속세의 세수 실적을 보면 이를 쉽게 알 수 있다. 우리나라 전체 세수에서 상속세가 차지하는 비중은 극히 미미한 수준이다.

전체 세수에서 차지하는 상속세의 세수 비중은 2018년 기준 0.9%에 불과했다. 2019년에는 1.59%, 2020년에는 전체 국세의 1.4% 수준이다. 그나마 삼성그룹 등 일시적인 세수 증가분을 빼고 보면 1% 안팎인 경우가 많다. 증여세와 합산해서 전체 세수 비중을 따져 보아도 2%~3%안팎의 수준이다.

(상속세 전체 세수 규모는 2020년 삼성그룹 이건희 회장 사후

부과된 약 12조 원의 상속세가 5년에 걸쳐 분할 납부되고 있기 때문에 2020년대 접어들어 갑자기 늘어난 측면이 있다.)

이 정도를 두고 상속세가 '부의 재분배' 역할을 하고 있다고는 도저히 평가 할 수 없다. 일반적인 통념과 달리 상속세의 '평등효과'는 거의 없다고 판단하는 이유다. (아래는 2019년 기준, 상속세가 차지하는 전체 세수 대비 비중이다.)

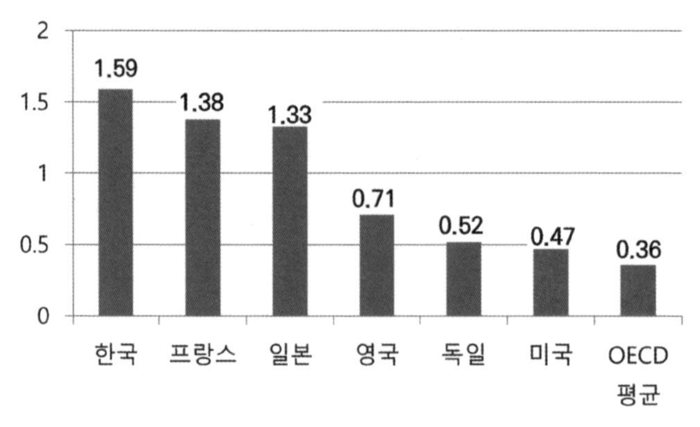

전체 세수에서 상속세가 차지하는 비중이 낮은 것은 비단 우리나라만의 일은 아니다. 상속세는 성격상 세수 비중이 높을 수 없는 세금이다.

대한민국 세수는 소득세, 법인세, 부가세 등 3대 조세가 거의 80% 이상을 차지한다. 바로 이 세원을 통해 복지 지출 등이 발생하면서 〈부의 재분배〉 역할이 수행되고 있는 것이다. 상속·증여세는 많이 잡아야 전체 세수의 3% 수준밖에 기여하지 못하기 때문에 이를 다 인정한다고 해도 '분배'에 관한 상속세의 역할은 극히 미미한 수준이다.

상속세, 자본의 역할과 임무를 왜곡한다

문제는 상속세처럼 얼마 되지도 않는 세수를 걷기 위해 필요 이상의 과도한 부작용과 사회적 비용이 발생한다는 점이다. 이 과도한 사회경제 비용은 주로 상속·증여세를 부담하게 될 기업인들이 세부담을 회피하기 위해 벌이는 -일감 몰아주기, 분할·합병 등- 다양한 경제행위의 왜곡 때문에 비롯된다.

기업이 스스로의 경제 행위를 왜곡시키는 바람에 초래되는 상속세의 역기능은 그 폐해와 경제적 비용이 국가 전체에 미치고 있다. 이러한 상속세의 부작용이 단적으로 집약된 현상이 앞으로 살펴 볼 '코리아 디스카운트' [18] 문제이다.

---

18 경제 수준이 비슷한 다른 나라에 비해 유독 한국 증시만 크게 저평가되는 현상

순기능은 쥐꼬리, 역기능은 초대박

요컨대 조세의 '비용' 측면과 국민경제에 기여하는 '효용'측면을 비교해 볼 때 상속 증여세는 한마디로 가성비 최악의 세금이다.

국가 재정이나 재분배에 기여하는 것은 거의 없고, 전체 경제 시스템의 변태성만 초래하고 있기 때문이다. 즉 부의 재분배 기능은 거의 수행하지 못하면서, 반대로 그 역기능은 가히 치명적인 상황이다.

상속세의 가성비가 최악이라는 얘기는 상속·증여세를 폐지하고 그 만큼의 세수손실분을 차라리 다른 세금에서 보충하는 것이 훨씬 이익이라는 뜻이기도 하다.

상속·증여세를 완전히 폐지해서 관련 세수를 제로로 만들고 차라리 다른 세목에서 3%의 세수를 더 확보하면, 전체 세수에는 아무 변동 없이 상속·증여세가 미치는 경제의 악영향을 크게 줄여서 국가 경제의 상승작용을 유도할 수 있다.

(나는 이런맥락에서 상속세 폐지를 폐지하는 대신 소득세율

혹은 법인세율을 2% 인상하는, 일종의 사회적 타협을 제안하면 아마도 기업인들이 먼저 쌍수를 들고 환영할 것이라 확신한다.)

다시 말해 상속세를 폐지할 경우 대한민국은 전체 세수의 2~3% 정도를 포기할 뿐이지만, 반대로 자본운동의 정상화와 기업 활성화를 통해 얻을 수 있는 잠재 이익은 매우 거대하다.

낡은 평등 관념에 사로잡혀 이렇듯 명확한 현실과 실효적인 전략을 외면하는 것은 분명 어리석은 짓이다.

“

상속세가 어떻게 우리를 배신했는지
가장 정확하게 드러나는 곳이
‘주식시장’이다.
인간의 본능적 경제행위를
차단하기 때문에
발생하는 다양한 변태성이
압축적으로 나타난 현상이 바로
코리아 디스카운트다.

”

3부

전 국민이 상속세의 피해자

한국경제는 지금 상속세의 저주에 걸려 있다. 자본시장의 활력이 떨어지면, 경제 전반의 활기도 위축될 수밖에 없다. 우리나라 자본 시장이 다른 나라에 비해서 제 값을 못 받고 있다는 것은 한국 경제 전체가 제 값을 못 받고 있다는 말이다.

01
코리아 디스카운트란 무엇인가?

우리나라 상장기업의 주가는 비슷한 수준의 외국기업에 비해 비정상적으로 낮게 형성되어 있다는 평가가 일반적이다. 자본시장의 몸값이 경쟁국들에 비해 아주 낮게 평가되고 있는 것이다. 이런 현상을 두고 흔히 코리아 디스카운트 (Korea discount)라 한다.[19]

한국 증시의 낮은 PBR

코리아 디스카운트의 현실을 수치로 확인할 수 있는 적절한

---

19 OECD 기준 40% 이상 평가절하 되고 있다고 보는 것이 통설이다.

지표로 PBR [20] 을 들 수 있다. PBR은 주가와 1주당 순자산을 비교하여 나타낸 비율 (주가/주당 순자산가치)로 정의된다.

이는 원칙적인 의미에서의 주가라고 할 수 있다. '주식'의 원론적인 개념은 회사 전체의 가치를 주식수로 쪼개놓은 것이다. 예를 들어 자산가치 100원 짜리인 회사에서 총 10주를 발행했다고 하면 1주의 가격은 10원이 되는 게 맞다. PBR은 바로 이런 의미의 지표다.

PBR은 'Bookvalue' 라는 단어에서 볼 수 있듯이, 회사의 장부가치와 주식 시가총액의 비율인 셈이다. 이는 회사를 지금 팔았을 경우 받을 수 있는 장부상 회사의 총가치와 주가의 비율이라고도 할 수 있다.

여기서 PBR이 1 이라는 것은 주가와 주당 순자산이 일치한다는 의미가 된다. 만약 PBR이 1 미만이면 시가총액이 해당 기업의 장부상 순자산가치(청산가치)에도 못 미친다는 뜻이다.

그런데 2023년 5월 2일 종가 기준으로 코스피200 기업

---

20 Price Bookvalue Ratio, 주가순자산비율

의 PBR은 0.9로 집계됐다.[21] 이는 23개 선진국의 평균 PBR(=2.9)은 물론 24개 신흥국 평균 PBR(=1.6)에도 미치지 못하는 수준이다. 매우 낮은 수준이 아닐 수 없다.

우리나라 주식의 평균 PBR은 선진국의 절반 수준일 뿐 아니라 베트남, 말레이시아, 인도, 중국, 브라질 보다도 못한 것으로 평가받는다. 대한민국이 세계10위권 경제 대국 이라는 점에서 볼 때 사실상 부끄러운 수준이다.

우리나라 주식시장에는 굴지의 대기업들조차 시가 총액이 장부상 순자산가치의 절반도 안 되는 기업들이 너무 많다. 2023년 12월 기준으로 현대자동차 PBR은 0.6, 포스코 0.5, 한화 0.3, 신한지주 0.4 등 수준에 불과하다.

모름지기 상장기업이라면 PBR이 1.0을 넘겨야 정상이다. 기업이 증권시장에 상장한다는 얘기는 해당 기업의 미래 가치를 알아본 투자자들로부터 미리 자금을 조달한다는 의미를 갖기 때문이다. 즉 현재의 장부가액 보다는 주식의 시가총액이 높은 (즉 PBR 1.0 이상인) 상황이 정상인 것이다.

---

21 한국거래소, 2022년 결산 재무제표 반영

만약 PBR 0.5 라면, 이 수치의 의미는 이 회사를 지금 당장 청산하면 시가총액 보다 두 배의 값을 받을 수 있다는 뜻이다. 이렇게 경영을 할 거면 도대체 무엇을 위해 주식시장에 상장을 했는지? 이해할 수 없다는 비판이 나올 수밖에 없는 이유이다.

02
오너는 주가상승을 바라지 않는다

그렇다면 상식적으로 이해할 수 없는 코리아디스카운트는 왜 발생하는 것일까? 과거에는 코리아디스카운트의 주원인으로 북핵문제 등 남북관계 불안요인을 지목하는 경우가 많았다.

하지만 코리아디스카운트의 원인을 지정학적 요인으로 돌리는 분석은 이미 설득력을 잃은 지 오래다. 단적으로 중국의 끊임없는 침공 위협을 받는 대만의 PBR은 우리나라의 2.4배 수준이기 때문이다.[22]

---

22 대만은 인구와 GDP가 한국의 절반 수준이지만 PBR 만큼은 2.4배로 0.9 수준인 우리나라 보다 2배 이상 높고, 시가총액 차원에서도 우리나라 시가총액 보다 300조 이상 많다.

그렇다면 코리아디스카운트의 진짜 이유는 무엇일까? 그것은 상장기업을 지배하는 대주주가 '주가 상승'을 달가워하지 않을 뿐 아니라 오히려 낮은 주가를 선호하기 때문이다. 이제 이 문제를 자세히 살펴보자.

코리아 디스카운트의 주범, 상속세

얼핏 보기엔 주가가 떨어지면 재벌들이 손해를 볼 것 같다. 실제로 기업의 주가가 크게 떨어지면 오너가 하루저녁 사이에 거액을 날렸다는 식의 기사가 나오기도 한다.

그러나 이것은 일종의 착시현상에 불과하다. 실상은 그렇지 않다. 우리나라 대주주는 상장할 시점이 아니면 주가 상승을 바랄 이유가 별로 없다. 대주주 입장에서는 주가 상승 보다 안정적으로 '경영권'을 지키는 것이 훨씬 더 중요하기 때문이다.

특히 치명적인 상속세와 증여세가 존재하는 경영환경에서는 경영권 승계를 준비하는 재벌들이 결코 주가상승을 바라지 않는다. 오히려 주가가 낮아지기를 바란다. 주가가 높으면 높을수록 경영권 유지가 어려워지고 특히 상속국면에서는 경영권 승계에 치명적인 방해가 되기 때문이다.

앞서 언급했듯이 상증세법은 상속이나 증여가 행해진 주식이 도대체 얼마짜리인지? 판단하기 위해 해당 시점의 '시가'를 기준으로 삼는다. 상장주식의 경우, 회장님이 돌아가신 날을 기준으로 직전 2개월과 직후 2개월, 도합 총 4개월간의 종가 평균을 내서 이를 기준으로 주식 가액을 산정한다. 바로 이런 계산방식 때문에 주가가 높을수록 후손들의 상속세 부담은 점점 늘어난다.

어느 기업의 실적이 좋아서 주가가 크게 올랐다고 하자. 이 때문에 만약 1만 원짜리 주식이 10만원으로 올랐을 때 대주주가 사망하면 순식간에 상속세 부담이 10배가 된다. 따라서 한국에서는 '상속'을 앞둔 재벌가의 후손들이 절대로 자기 기업의 주가가 오르는 것을 원치 않는다. 주가를 올려봤자 상속세만 늘어나기 때문이다.

공포의 주가 상승

혹여나 완전히 주가가 고공행진하고 있을 때 오너가 죽으면 단순히 세금을 좀 더 내는 수준이 아니라 아예 경영권을 상실할 위험마저 발생한다. 초대형 세금 폭탄을 맞는 바람에 정부 혹은 다른 세력에게 회사를 뺏길 위험이 있는 것이다.

이런 상황에서는 대주주가 주가를 높이기 위해 조금이라도 노력할 이유가 전혀 없다. 오히려 주가가 천 년 만 년 낮은 수준에 머물러 있도록 막는 게 중요하다. 특히 경영권 승계를 준비하는 실무자들 입장에서는 악착같이 주가를 끌어내릴 수밖에 없다. 떨어질수록 이익이기 때문이다.

주가 하락에 박수치는 대주주

주가가 낮을수록 대주주 일가의 지배구조 구축에는 유리한 환경이 조성된다. 간단한 사례를 들어보자. 진단시약 업체 씨젠(Seegene)의 경우, 2022년 2월, 오너 부부의 세 딸에게 각각 30만주를 증여했다가 4월 말에 다시 증여를 취소하는 해프닝을 겪었다. 증여 당시 5만7000원이던 씨젠 주가가 증여 이후에도 꾸준히 하락해 4만1400원까지 떨어졌기 때문이다.

똑같은 주식인데, 시장상황에 따라 주당 15,000원 이상 주가가 떨어지는 바람에 수백억의 증여세 부담이 사라진 것이다. 따라서 오너 일가는 세금 부담이 줄어든 상황을 더 활용하기 위해 기존의 증여세 신고를 취소하고 적절한 시점에 재증여를 모색한다. (증여일로부터 3개월 내에는 증여 취소가 가능하다.)

이후 씨젠의 주가는 계속 하락해 주당 24,000원 까지 떨어졌다. 씨젠은 2020년 코로나19 이후 PCR 진단키트로 대박을 쳤지만, 이후 코로나 국면을 탈출하면서 실적이 하락하고 주가 급락세가 지속된 것이다.

주가가 계속 하락하자 2023년 6월, 오너 일가는 이 시점을 '증여 타이밍'으로 다시 판단했다. 오너 일가인 안모(73)씨는 딸들은 건너뛰고 외손주 7명에게 똑같이 각각 (10만주, 0.19%) 24억 원 어치를 나눠줬다. (이른바 세대를 건너뛴 증여다) 이런 조치로 씨젠 일가는 주가가 57,000원 일 때에 비해 절반이상의 절세 효과를 얻었다.

상속세가 주범이다

요컨대 상속세가 코리아 디스카운트의 주범인 이유는 한국의 상속세가 기업의 주가와 매우 긴밀하게 연동되어있기 때문이다. 주가와 상속세를 연동시킨 상속세법 아래서 대주주가 상속세를 절감하기 위해서는 '낮은 주가를 유지하는 전략'이 매우 필수적이다.

주가가 올라감에 따라 내가 내야할 상속증여세가 같이 올라가는 판국에 바보가 아닌 한 주가 상승을 바라지 않는 것이 지극히 당연한 판단이다.

이런 조건 속에서 기업들이 주가를 높이기 위한 노력을 하지 않는다고 비난하는 것은 매우 공허한 외침일 뿐이다. '약탈적 상속세'를 제거하지 않으면 코리아디스카운트의 해결이 불가능 하다고 보는 이유는 이 때문이다.

03
한국의 배당성향이 낮은 이유

전문가들이 코리아디스카운트의 주요원인으로 지목하는 '낮은 배당성향' 역시 대주주들이 낮은 주가를 선호하기 때문에 나타난 현상이다. (특히 상속이나 증여를 앞둔 기업에서 배당정책을 낮게 처리하는 현상이 자주 등장한다.)

배당성향(Pay-out ratio)이란 기업의 당기순이익 중 현금으로 지급된 배당금의 비율이다. '배당지급률'이라고도 한다. 예를 들어 당기순이익으로 100원을 벌었는데 그중 배당금으로 10원을 지급했다면 배당성향은 10%가 된다.

우리나라 상장사 배당 성향은 한마디로 '세계 꼴찌수준'이다. 그래서 흔히 '쥐꼬리 배당'이라는 말로 불린다. 2021년 통계를 보면, 한국의 배당성향은 26.7%다. 즉 순이익의 26.7% 정도만 배당에 사용했다는 뜻이다. 반면 일본의 배당성향은 31.1%, 미국은 41.0%, 프랑스는 45.4%, 영국은 무려 56.4%를 기록했다. 심지어는 사회주의 국가인 중국도 28.4%로 한국보다 높다. [23]

같은 값의 주식을 사더라도 우리나라 주식이 아니라 영국 주식을 샀다면 배당을 두 배 쯤 더 받는다는 얘기다. 이렇게 배당이 낮으면 일반 주주 입장에서는 아무래도 해당 주식의 매력이 떨어질 수밖에 없고 그 결과 주가 역시 낮게 유지될 수밖에 없다.

상식 차원에서는 배당을 많이 받으면 대주주건, 소액주주건 똑같이 좋은 일이 아닌가? 라는 생각을 할 수 있지만, 대주주의 입장은 전혀 다르다. 대주주 입장에서 볼 때는 오히려 배당금이 많아지면 여러 가지 불리한 일들이 일어난다.

일단 배당을 많이 할 경우, 주가가 상승할 위험이 있다. 앞서 언급했듯이 주가가 상승하면, 상속세 리스크에 노출되고 지배력 유지에 어려움이 생긴다.

---

23 대신증권, 주요국 상장사 배당 성향(2021년 말 기준)

금융소득 종합과세도 문제

배당을 늘릴 경우, 주가 상승 외에 대주주가 직접적으로 받는 불이익이 또 있다. 〈금융소득종합과세〉가 바로 그것이다. 〈금융소득 종합과세〉는 이자와 배당 등 금융소득이 연 2천만 원 이상이면 초과분을 다른 소득과 합산해 누진세율을 적용하는 제도이다.

이 제도로 인해 (과표구간 10억 이상에 속하는) 대주주 입장에서는 배당받는 소득에 대해 최대 49.5%(지방소득세포함)에 달하는 고율의 소득세를 얻어맞게 된다. 배당을 받아 봤자, 절반을 국가에 빼앗기는 셈이다.

이 때문에 대주주들은 기업이 벌어들인 수익을 작게 찢어서 소액 주주들에게 조금씩 배당하기 보다는 기업의 내부에 계속 쌓아두는 것을 선호하는 경향이 있다. 사내 유보금으로 기업 내부에 현금을 쌓아놓고 그 상태에서 각종 〈자본거래〉 또는 〈수익거래〉를 통해서 기업 자체에 대한 지배력을 유지하는 것이 훨씬 낫다고 보는 것이다.[24]

---

24 여기서 자본거래란 분할합병, 상장 등을 말하고, 수익거래는 대표적으로 일감 몰아주기를 의미한다. 이렇게 오너 측에서

3% 잡으려다 97%를 놓친다

결과적으로 정부의 중과세 정책은 이 대목에서도 바보같은 결과를 초래한다. 돈 많은 대주주를 겨냥해서 추가로 세금을 더 걷는 장치 (=금융소득 종합과세)를 만들어 놓았지만, 중요한 것은 기업이 벌어들인 수익을 배당으로 분배 할 것인지? 사내유보로 남겨 둘 것인지? 결정하는 사람은 대주주라는 점이다. 이들 대주주가 배당을 늘릴 유인이 없고, 오히려 배당을 줄여서 주가를 낮게 유지할 유인만 존재하는 것이다.

우리나라 100대 그룹 대주주의 지분율은 시가총액의 3%가 안 되는 경우가 많다. (지주 회사가 자회사를 지배하고 자회사가 손자회사를 지배하는 지배구조로 인해 대주주 지배구조가 유지되고 있을 뿐이다.)

결과적으로 볼 때, 국가는 3%도 안 되는 대주주에게 세금을 중과세하는 정책을 쓰는 바람에 나머지 97% 주주들이 배당에서의 불이익을 받도록 유도한 꼴이 되고 말았다. 이것은 대주주의

여러 가지 비공식적 방법을 동원해 자산이나 이익을 이전하는 행위를 일컬어 터널링(Tunneling)이라 부르기도 한다.

행태를 비판하기에 앞서 제도 설계 자체의 불합리성이 존재한다고 볼 수밖에 없다. [25]

대주주가 배당성향을 높이거나, 주주환원정책에 적극적이지 않은 이유는 결국 주가가 높은 것 보다는 낮은 주가를 유지하는 것이 지배구조를 유지함에 있어 더 많은 이점이 있기 때문이다. 이런 상황이 장기간 지속되는 상황에서 코리아디스카운트의 해결을 기대하기는 어렵다.

---

25 '바보같은 세금'의 사례로 한가지 언급할 부분이 있다. 원래 우리나라 세법에 의하면 국내에 본사를 둔 기업의 해외 법인이 현지에서 거둔 수익금을 본사로 배당할 때도 별도의 (배당소득)세금을 부과했다.

그런데 바로 이 조항 때문에 우리나라 해외법인들은 벌어들인 현금을 현지에 쌓아놓기만 하고 국내에 제대로 송금을 하지 않았다.

2023년 이 독소 조항을 사실상 폐지 (국내 반입액의 95%에 대한 세금을 면제)하는 덕분에 해외법인 자금의 국내 반입 즉 '자본리쇼어링'이 크게 늘어났다. 삼성전자가 2023년 상반기에 국내로 들여온 해외 수익금은 2022년 같은 기간 대비 무려 158배 늘어난 약 22조원에 달했다.

이 조항이 폐지 되기전까지는 국가가 얼마되지도 않는 세금을 거둬들이겠다고 고집하는 바람에 우리 기업이 벌어들인 수십조원의 해외 자금이 국내로 들어오지 못한 채 잠자고 있었던 것이다.

대주주-소액 주주 이해상충

결과적으로 현행 상속세 제도하에서 상장기업의 대주주는 절대로 일반 주주들에 대해 친화적인 행태를 보일 수가 없다. 현재는 상속세 등으로 대주주와 일반주주의 이해관계가 구조적으로 상충하게 되어있기 때문이다.

대주주는 자기 회사의 주가가 낮아도 별 문제가 없다. 어차피 (경영권 인수를 위한 자금 마련 같은) 특별한 경우가 아니면 지분을 매각할 의사도 없다. 그 보다는 경영권을 확고히 하고 대주주 지위를 유지해서 지배구조를 공고화 하는데 주된 목적의식이 있다.

반면 소액주주들의 관심은 주가 상승을 통해 양도차익을 실현하는데 있다. 즉 회사의 주가 변동에 대한 관심은 소액주주가 훨씬 더 높다.

이런 상황에서 대주주가 주주 친화적인 노선을 걷게 되면 결과적으로 주가상승에 기여하게 되어 자신이 지배권을 행사하던 기업의 지배력이 약해지거나 심지어는 경영권을 잃게 될 위험성까지 덩달아 커진다.

한국의 배당성향이 낮고, 주가 상승에 적극적이지 않은 배경에는 이렇게 대주주와 일반주주 간의 이해관계가 상충하는 문제가 있었던 것이다.

04
반기업 정서는 왜 문제인가

한국사회의 반기업 정서는 높은 편이다. 특히 대기업에 대한 반기업 정서가 중소기업에 비해서 훨씬 높은 것으로 여겨진다. 원인은 무엇일까? 우리나라 반기업정서의 원인은 여러 가지가 있겠지만 핵심은 경영권 승계 문제라고 할 수 있다. 재벌 기업이 살인적인 상속세를 피해가기 위해 다양한 회피 전략과 편법을 동원했고, 이 때문에 이를 바라보는 국민의 차가운 시선을 받게 된 것이다.

대표적 사례로 삼성의 경영권 승계를 둘러싼 정부와 재벌, 법원간의 오랜 다툼과 논란을 들 수 있다. 이 과정에서 반기업 정서는 확산되지 않을 수 없었다.

반기업 정서는 결코 바람직하지 않다

그러나 반기업정서는 우리의 삶에 도움이 되지 않는다. 경제 전반에 보이지 않는 악영향을 끼치기 때문이다. 일단 반기업정서는 불필요한 기업 규제를 자꾸 만들어내는 한 원인이 되고 있다. 규제가 늘어나면 늘어날수록 기업들은 경제 활동에 다양한 제약을 받게 되고 결국 경제 성장이 저해되는 악순환에 빠진다.

불필요한 과잉규제의 사례로 2022년에 도입된 중대재해처벌법을 들 수 있다. 이 법의 배경도 반기업정서에 뿌리를 두고 있다. 재해 문제를 형사처벌로 해결하겠다는 황당한 발상이 성립할 수 있는 것은 국민들이 갖고 있는 뿌리 깊은 반기업정서 덕분이다.

무엇보다 반기업 정서는 주식시장 같은 자본시장을 위축 시킨다. 국민들이 기업에 대해서 호의적이지 않은 정서가 확산되면서 우리나라 자본시장 자체가 위축되는 효과가 발생한다.

미국의 주식시장을 주도하는 거대기업들은 우리의 귀에도 익숙한, 애플, 테슬라, 메타(페이스북), 엔비디아, 아마존 같은 신기술기업들이다. 만약 미국의 발전된 주식 시장 없었다면, 이러한 첨단 대기업들이 주도하는 혁신경제의 형성이 가능했을까?

자본의 뒷받침이 있어야 신기술과 새로운 산업이 원할하고 신속하게 등장한다는 사실은 매우 분명하다. 우리는 미래기업에 대한 인식과 희망을 온 국민이 쉽게 공유하고 이를 자본의힘으로 구체화 할 수 있는 국가체제를 추진해 나가야 한다.

그러나 부정적 선입견을 갖고 기업을 재단하는 대중의 시선은 이를 점점 불가능하게 만들고 있다. 반기업정서는 자본시장에 대한 참여를 떨어뜨리고 자본시장의 발달에 대한 회의적인 시각을 확산 시켜 결국은 신산업의 출현을 저해하는 요인이 된다.

[생각해보기]

국가에 의해 상장된 한국 기업들

한국의 대기업은 국가의 강요에 의해 주식시장에 상장된 특이한 역사를 갖고 있다.

1973년 1월 기업공개촉진법이 제정되었다. 기업공개촉진법은 정부가 특정 기업을 직접 선정해서 상장을 요구하고, 이에 불응할 경우 금융규제 등 각종 패널티를 줄 수 있다는 내용이었다. 지금으로선 상상하기 힘든 입법이었다.

당시 정부가 대기업에 강요한 주식시장 상장은 아래와 같은 이유로 기업들이 받아들이기 힘든 가혹한 처사였다.

1) 공모가액 산정 때 액면가를 넘지 않도록 규제하고 있었다. 여기서 액면발행이란, 주식의 액면가(통상 5천원)를 기준으로 상장한다는 뜻이었다. 회사의 실제 가치가 1만원이더라도, 신주발행은 액면가로 해야 하니, 사실상 헐값에 주식을 상장해서 투자자에게 넘기는 일이었다.

2) 상장 요건 중에 '대주주 지분'을 51% 이하로 하라는 내용도 있었다. 이를 맞추려면 헐값에 대규모 주식을 팔아야 했고 경영권을 위협 받을 수도 있었다.

3) 액면가의 10% 이상 배당을 의무화 하는 내용도 있었다.

그동안 자기 맘대로 운영하던 오너 입장에서는 한마디로 심각한 경영권 침해를 감수할 수밖에 없는 조치였다.

그러다보니 기업공개촉진법 시행이후에도 재벌들은 여전히 상장에 미온적이었다. 그러자 박정희 대통령은 행동에 나선다. 1974년 이른바 5.29 강제상장 조치를 취한 것이다. 이 조치는 기업공개를 하지 않을 경우 금융 지원을 중단하겠다는 경고였다. 한걸음 더 나아가 1975년에는 8.8조치(기업공개 보완 시책)를 통해 더욱 강력한 압박을 가한다.

당시는 독재정부 시절이었다. 전국경제인연합회에서 울분의 목소리가 터져 나왔지만 결국 재계는 울며 겨자 먹기로 정부의 강제 상장조치에 호응할 수밖에 없었다.

이 때문에 증권거래소 상장기업은 1972년 66곳에서 1978년 말 356곳으로 급격히 불어났다. 증시를 통한 자금 조달은 1972

년 247억 원에서 1976년 2,622억 원으로 10배나 급증했다.

당시 정부가 거의 반 강제적으로 대기업들의 상장을 추진한 것은 중화학공업으로의 전환 전략을 추진하기 위한 구조적 재원을 마련하겠다는 의미를 갖고 있었다. 더 이상 '기업의 소유자가 대주주 개인의 것'일 수 없다는 판단 하에, 기업공개를 통해 재무구조를 개선하고 부의 사회 환원도 추진하겠다는 취지도 있었다.

그러나 부작용도 있었다. 애당초 하기 싫은 기업공개를 억지로 강요하다보니, 정부 입장에서도 상장기업을 비상장기업처럼 운영하는 일에 대해 일정하게 용인하는 측면이 존재했다. 형식상 상장을 하긴 했지만, 문화적으로는 가족기업처럼 운영하는 행태가 계속 남아 있었던 것이다.

현재 한국에서 대기업의 주인이 '주주'라는 인식 보다 오너 일가의 소유물이라는 인식이 아직 강하게 남아있는 이유의 밑바닥에는 이런 측면이 존재한다.

05
온 국민이 코리아디스카운트의 피해자

상속세에 대해 '나와는 상관없는 세금' 정도로 생각하는 경우가 많다. 일부 선택된 부자들이나 내는 세금이라는 상속세에 대한 고정관념이 오래전부터 자리잡고 있는 것이다.

(과도한 상속세율에 대해 대중이 암묵적, 정서적으로 용인해주는 이유의 배경에도 이와 같은 판단 즉 상속세가 나와는 상관없고 극소수의 상류층에만 적용되는 세금이라는 인식이 있다.)

그러나 오늘의 관점에서 상속세는 이미 소수 부유층의 문제가 아니다. 상속세 문제는 앞으로 점점 더 전 국민적 이해관계와 직결된 문제가 될 수밖에 없다.

단적인 예가 바로 '코리아 디스카운트'의 문제다. 코리아디스카운트 현상은 돈 있는 소수 부유층이 피해를 입는 일이 아니다. 이는 우리나라 국민 경제 전체의 손실이다.

코리아디스카운트, 국민 모두의 손실

코리아 디스카운트가 국가적인 손실일 수밖에 없는 이유는 일단, 주식시장에 대한 직접 참여의 규모가 비약적으로 확대되었기 때문이다. 자본시장 참여인구는 부동산 가격 급등과 코로나 사태를 거치면서 크게 늘어났다. 2023년 국내 주식 투자자는 1,400만 명에 달한다. (삼성전자 주식 보유자는 560만 명, 카카오 보유자는 190만 명이다.)

이는 3년 전인 2020년과 비교해서 2배 이상 늘어난 수치다. 주식투자의 규모가 매우 급격히 확대되고 있다는 얘기다. 1,400만이라는 숫자는 대한민국 전체 성인 인구의 1/3이 주식에 투자하고 있음을 의미한다.

두번째는 직접투자 외에 간접적으로 주식시장의 움직임에 연동된 투자 규모 역시 매우 커졌다는 사실이다. 주식투자의 주체

중에는 펀드나 각종 금융상품을 운영하는 기관투자자들이 있는데 이는 펀드 상품에 가입한 수많은 대중의 이해관계가 주식시장 수익률과 직접 연결 되어있음을 의미한다.

국민연금, 공무원연금 같은 연금관련 기관들이 주식 투자로 수익률을 보충하고 있다는 사실도 매우 중요하다. 주식시장이 활기를 잃고 주가가 떨어지면 이 모든 기관들이 수익률 저하에 따른 피해를 보게 되는 구조가 정착되어있는 것이다. 다시 말해 주가하락의 부담을 결국 연금가입자와 온 국민이 함께 질 수밖에 없는 구조다.

만약 코리아 디스카운트 현상을 극복하지 못하고 우리 기업의 주가가 배당과 시가평가 측면에서 모두 낮은 수준에 머무르게 되면 결국 국민연금의 수익률은 떨어질 수밖에 없다. (이렇게 국민연금의 운용 수익률이 떨어지면 연금 고갈 시점도 앞당겨진다.)

요컨대 국민 경제 전체가 금융시스템으로 자본시장에 연결되어있기 때문에 주식시장의 문제는 재벌기업의 대주주들이나 주식투자자들만의 문제가 아니고 전국민적 이해관계로 직결 될 것이라는 얘기다.

국내자본의 해외 유출손실

주식시장에서 우리 기업의 주가가 과도하게 저평가 되는 바람에 외국인들이 과도하게 우리 기업의 지분을 획득하는 것도 넓은 의미의 손실로 볼 수 있다.

국내자본이 우리 주식을 사지 않으면 외국 자본들이 이를 싼값에 가져가게 된다. 국민은행, 신한은행, 하나은행 같은 대형 금융기관들의 외국인지분은 이미 70% 가까이 될 정도이다. 삼성 역시 오래전부터 외국인 투자자 비중이 50%를 넘나들고 있다.

장기에 걸쳐 주가가 오르지 않다보니, 국내 자본들이 알짜 주식들조차 외면하게 되고 그러다보니 외국인들이 우리나라 금융주를 장악하는 상황이 온 것이다.

개미가 먼저 한국을 떠난다

주식투자의 의지와 능력을 갖고 있는 개인들이 우리나라 자본시장이 아닌 외국 주식시장으로 자꾸만 눈을 돌리는 것도 우리

시장이 매력을 잃기 때문에 발생하는 일종의 손실이다.

미국 증시 등 외국 주식에 투자하는 사람들을 흔히 서학 개미라는 말로 일컫는다. 그런데 서학개미들이 크게 늘어난 이유 역시 고질적인 코리아디스카운트 때문이라고 할 수 있다. 서학개미들 중에는 '우리나라 시장은 도저히 안 되는구나!' 라고 생각하는 사람들이 많다. 그들이 한국증시에 근원적 불신을 갖게 된 배경은 역시 '코리아디스카운트' 때문이다.

주식 시장에 들어갔다가 코리아디스카운트 때문에 손실을 보고 떠나게 되면 결코 기분이 좋을 리 없다. 돈을 날린 개인들은 해당 회사에 대해서 부정적으로 볼 뿐 아니라 '한국 주식은 안 된다. 한국 기업은 완전 개판이야.'라는 생각을 갖게 된다.

그리고 이러한 인식이 심화되면 국내 자본은 점점 더 해외로 빠져나간다. 이는 향후 한국 경제에 치명적인 위협이 될 가능성이 있다.

〈21세기경제학 연구소〉 최용식 소장은 일본이 잃어버린 30년의 긴 터널을 지나온 핵심적인 이유를 일본 국내 유동성이 해외로 빠져버린 데서 원인을 찾는다. 코리아디스카운트가 계속 될 경우 우리나라도 같은 위험에 처하게 되는 것이다.

코리아디스카운트가 장기에 걸쳐 계속되면 기업들이 해외로 이전하기 전에 개미군단이 먼저 한국을 떠나게 된다. 국내 개미투자자들의 자금력이 한국주식이 아닌 해외 주식구입에 더 많이 쓰이게 되는 것이다. 이렇게 되면 해외 증시와 한국 증시의 격차는 더 벌어질 수밖에 없다.

주식시장 정상화가 필요한 이유

지식인들 중에도 주가 하락에 대해 별 문제인식이 없는 경우가 많다. 그러나 현대 경제 시스템에서 자본시장의 역할은 매우 중요하다. 우리 기업가치가 저평가 되는 문제는 1,400만 주식투자자들만의 문제가 아니다. 2차적으로는 기관투자자와 연결된 모든 국민의 이익에 영향을 미친다. 코리아디스카운트는 이 모든 사람들의 손실인 것이다.

개인에게 자산소득과 자본의 축적 기회를 보장해야 한다는 점에서도 우리 주식시장이 정상가치를 회복하는 일은 꼭 필요하다. 일반 국민들에게 (근로소득의 기회 외에) 자산소득의 기회 역시 항상 열려있어야 한다. 기업투자의 시작은 개인 투자에서 비롯된다.

주식시장은 기업의 투자성과를 국민적 차원에서 공유하는 시스템이라고 할 수 있다. 주식시장이 정상적으로 작동하지 않는다면 일반 주주들은 나라 경제가 아무리 발전해도 그 과실을 '자산 소득' 형식으로 재분배받기 힘들다.

다시 말해 자본시장이 적절하게 돌아가지 않으면 '개인'들은 근로소득 외에는 다른 소득을 얻을 경로 즉 자산 소득의 기회를 얻기 어렵다. 다시말해 '코리아 디스카운트'라는 조건하에서 우리 국민은 은행 저축 외에는 별 다른 재산형성의 기회를 찾기 어렵다. [26]

주식을 통해 자산 소득의 기회를 얻고 기업 발전에 대해서 참여할 수 있는 지분을 가지려면 개인적 차원에서 기업에 투자하고 성과를 공유해야 한다.

---

26 미국의 경우 가계 금융 자산의 50% 정도가 주식, 펀드로 구성된 반면, 한국의 경우 주식과 펀드의 비중은 20% 수준에불과하다. 한국인은 금융자산의 절반 이상을 예금 등 현금으로 보유하고 있다. 한국인에 비해 미국 국민에게 더 넓은 재산형성의 기회가 열려 있다고 할 수 있다.

그러나 현재의 상속제 시스템하에서는 자본시장의 왜곡을 막을 수 없고, 결국 우리 국민은 부동산 투기 외에는 딱히 자산 소득의 기회를 얻지 못하는 결과를 초래하게 된다.

요컨대 과도한 상속세에 의해 보이지 않는 피해를 감내하고 있는 주체들은 얼핏보아 '상속세'와 전혀 상관없다고 생각되는 '1400만 개미투자자들' 그리고 한 걸음 더 나아가 오늘도 열심히 생업에 종사하고 있는 전국민이다.

06
진정한 밸류업은 어떻게 가능한가?

2024년 3월. 윤석열 대통령은 '제51회 상공의 날 기념식'에서 "많은 기업들이 상속세를 신경쓰느라 혁신은커녕 기업 밸류업이나 근로자 처우개선에 나설 엄두조차 내지 못하고 있다. 이 얼마나 비효율적인 일이냐"고 지적했다. "우리나라는 가업승계를 부의 대물림으로 보는 부정적 인식이 강하다. 이 때문에 세율이 매우 높고 요건이 아주 까다로운 가업승계 제도가 만들어졌다. 하지만 누가 이런 현실에서 마음 놓고 기업에 투자하고 글로벌 시장에서 경쟁할 수 있겠느냐"고 반문하기도 했다. 윤대통령의 이러한 현실인식은 충분히 공감할 수 있는 부분이다.

상속세 문제는 기업 밸류업을 가로막는 가장 중요한 장애물이다. 코리아 디스카운트는 어디까지나 한국형 '오너 체제'에 그

뿌리를 두고 있기 때문이다.

尹 "상속세 신경쓰느라 '밸류업' 엄두도 못내…얼마나 비효율적인가"
한국경제신문 2024. 3. 2

2024년 2월, 정부는 코리아 디스카운트를 해소하겠다면서 기업 밸류업 지원방안을 발표했다. 그러나 막상 밸류업 지원방안이 나오자 주가는 오히려 더 떨어졌다.

정부가 2달 전부터 기업 밸류업 지원방안 발표를 예고하면서 이른바 저PBR 주를 중심으로 주가 상승 바람이 불었지만, 막상 방안이 발표되자 '알맹이가 빠졌다'는 시장의 평가가 나왔던 것이다. '태산이 들썩거릴 정도로 큰 소리를 냈지만, 정작 나타난 것은 쥐 한 마리'라는 시장의 조롱이 터져 나왔다.

이 때문에 그동안 기대심리로 크게 올랐던 주가가 오히려 떨어지는 상황이 초래되었다. (당시 보험업, 금융업이 3% 이상 떨어졌다.)

밸류업 소동은 '코리아 디스카운트'의 근본원인은 그대로 둔 채 자본시장에서 기업의 가치 제고란 불가능하다는 사실을 단적으로 보여준다.

코리아 디스카운트의 주 원인은 불투명한 '오너 체제'에 있는데 이를 해결하기 위해선 〈상속세 폐지〉라는 첫단추가 제대로 끼워져야 한다.

기업이 지배구조를 투명하게 개선할 수 있도록 국가가 장애물을 치워주고, 유인책을 만들어주는 것이 실효적인 밸류업의 핵심이기 때문이다. 상속세 폐지 같은 조치가 없다면 진정한 의미에서 밸류업은 성과를 내기가 힘들다.

07
공산당 선언의 핵심전략, 상속권 폐지

상속세가 추구하는 궁극의 국가모델은 무엇일까? "모든 상속권의 폐지"는 1848년 마르크스가 작성한 공산당선언에 나온다. 총10가지 실천 강령 중에 3번째로 등장하는 것으로 보아 상당히 비중 있게 제시된 공산주의 실천 강령인 셈이다. 공산당 선언 원문을 읽어보자.

공산주의 혁명은 과거로부터 전해 내려오는 소유 관계와 가장 철저하게 결별하는 것이다. 프롤레타리아트는 부르주아지로부터 모든 자본을 차례차례 빼앗고 모든 생산 도구를 국가의 손안에, 즉 지배 계급으로 조직된 프롤레타리아트의 손안에 집중시키며 될 수 있는 대로 빨리 생산력을 높이게 될 것이다. 이

것은 소유권과 부르주아적 생산 관계를 전제적으로 침해함으로써만 이루어질 수 있다. 그러나 가장 선진적인 나라들에서는 다음과 같은 것들을 아주 일반적으로 적용할 수 있을 것이다.

1) 토지의 사적 소유 몰수, 모든 지대의 국유화
2) 고율의 누진세
3) 모든 상속권의 폐지
4) 모든 망명자들과 반역자들의 재산 몰수
5) 국가 자본과 신용을 국립은행이 소유
6) 운송 수단에 대한 국가 소유
7) 국영 공장 증설, 공유토지 개간
8) 모두에게 똑같은 노동의무 부과, 농업을 위한 군대 육성
9) 농업과 공업의 결합, 도시와 농촌의 차이 불식
10) 모든 아동에 대한 무상교육, 아동의 공장노동 폐지

2세대 안에 모두 국가 소유로?

고율의 상속세는 사회주의를 실현하는 가장 좋은 전략으로 꼽힌다. 피상속인이 남긴 유산의 절반 이상을 국가가 뺏어가는 고

율의 상속세하에서는 한 두 세대 안에 민간의 주요자산들이 대부분 국가 소유로 전환될 수밖에 없기 때문이다.

60%의 상속세율이 그대로 적용된 상태로 1세대 (30년) 혹은 2세대 (60년)가 흐른다면, 대한민국의 경제는 어떤 상황에 처하게 될까? 아마도 사실상의 사회주의 체제가 되어 있을 가능성이 높다.

간단한 예시를 들어보자. 통계청과 한국은행, 금융감독원이 실시한 2023년 가계금융복지조사에 따르면 우리나라에서 순자산 10억 원 이상을 보유한 가구는 전체 가구의 10.3%에 이른다. 상속세의 일괄 공제 한도가 10억이므로 이들 10.3%가 바로 상속세를 납부할 사람들이라고 간주할 수 있다. 문제는 이들이 우리나라 재산의 40%를 갖고 있다는 점이다.

계산상 편리를 위해 우리나라 전체 재산의 40%를 상위 10%가 갖고 있고, 이 재산에 대해 50%의 상속세율이 적용된다고 가정해보자. 이 경우 단순한 계산법을 도입하면 우리나라 전 자산의 40%에 적용되는 50%의 세율 즉 20%의 자산이 한 세대 안에 정부 소유가 된다.

한국은행의 주체별 순자산현황을 보면 2022년 우리나라 민간 부문 자산은 2경 300억 원 정도가 된다. 이 중 20%가 한 세대 안에 정부 소유로 바뀌는 셈이다. 이렇게 되면 기존 정부의 순자산에 민간 자산 20%를 덧붙여서 정부 재산이 민간의 재산보다 더 많은 사회로 변모할 가능성이 있다.

부동산 소유주 역시 한 세대 안에 국가 중심으로 완전히 뒤바뀔 가능성이 크다. 한국인의 재산은 70% 이상이 실물 자산 즉 부동산이고 현재 서울의 아파트 중위 가격은 10억 원이 넘는다. 즉 서울 시내 아파트의 50% 이상이 10억 이상이라는 가정이 가능하다.

그런데 만약 10억 짜리 집을 물려받은 상속인이 아파트 한 채 외에 다른 소득이 없다면 상속세를 내기 위해 결국 집을 팔 수 밖에 없다. 이렇게 되면 서울에 있는 주택의 상당부분은 소유권이 정부로 넘어가게 된다. 정부가 고가 주택들을 대량 보유한 사회가 되는 것이다.

대기업의 해외 도피와 경영권 분쟁

상속세의 미래를 '사회주의'로 지목하는 가장 큰 이유는 무엇보다 대기업의 경영권을 대부분 정부에서 갖게 될 것이기 때문이다.

현재로서는 대기업들이 60%가 넘는 고율의 상속세를 전혀 빠져나갈 수 없는 상황이기 때문에 대기업들은 상속의 길목에서 한 세대 안에 정부의 재산이 될 수밖에 없다.

과거 우리나라 대기업들은 다양한 방법을 동원해 상속세의 압박을 피해 왔고 어떻게든 경영권 승계를 이뤄냈다. 사실상 50%가 넘는 상속세를 곧이곧대로 부담한 경우는 별로 없었던 셈이다.

이렇게 기업의 상속 전략이 계속 변화, 발전 하자 국세청도 계속 규제를 늘려왔다. 그리고 늘어나는 규제에 발맞춰 기업들은 또 다시 이를 회피하기 위한 새로운 편법을 개발하는 식으로 정부와 기업은 숨바꼭질을 계속해왔다.

그러나 이제는 과거에 사용해왔던 여러 가지 상속세 회피 방안들이 모두 막혀 있는 상황이다. 지금은 차명 재산을 몰래 넘겨줄 수도 없고, 다른 신박한 편법을 창안하기도 어렵다.

특히 2004년 경제적 가치를 계산할 수 있는 유·무형의 모든 재산에 증여세를 부과할 수 있는 〈완전포괄주의〉가 도입되었기 때문에 앞으로는 기업 입장에서 볼 때 60%의 세율을 거의 그대로 두들겨 맞는 수밖에 없는 상황이 되었다.

이런 상황에서 최종적으로 기업이 선택 할 수 있는 상속세 회피전략은 본사를 해외로 이전하거나 매각하는 방법뿐이다. 외국의 경우, 이미 상속세 부담 때문에 외국으로 본사를 옮기는 사례가 다수 발생한 바 있다.

대표적인 사례가 앞서 예를 든 아스트라제네카 이다. 가구회사로 유명한 이케아 역시 네덜란드로 본사를 이전한 바 있고, 테트라팩은 스위스로 옮겼다. [27]

오래지 않아 우리나라도 이러한 현실에 곧 직면하게 될 전망이다. 기업공개가 이뤄진 대기업들은 많은 경우, 오너 일가의 지분이 그렇게 높지 않은 것이 현실이고, 과도한 세금을 현금으로 납부하는 과정에서 지분매각 등 지배권 변동이 일어날 수밖에 없는 조건에 있다. 이 때 경영권 분쟁 등이 발생해 기업 경쟁력

---

27 173p '스웨덴은 어떻게 상속세의 저주를 극복했나' 참조

자체가 추락하는 경우가 많다. 상속세의 기업파괴적인 성격은 이런 측면에서도 여실히 드러난다.[28]

향후, 상속세 문제가 국가 경쟁력 차원에서 매우 중요한 이슈로 대두될 수밖에 없을 것으로 우려하는 이유는 이 때문이다.

더 큰 문제는 중소기업이다. 중소기업의 경우 본사의 해외이전 등을 추진할 수 있는 조직적 여력이 없다. 결국 중견기업들은 기업을 매각 하거나 나라에 경영권을 뺏기는 상황이 발생할 가능성이 높다. 정부가 운영하는 기업이 잘 될 리가 만무하다.

국영기업의 DNA에 기업가 정신이 새겨져 있을 리 없다. 결국

---

28 약탈적 상속세 때문에 상속이 경영권 분쟁으로 이어지는 일은 이미 비일비재하게 일어나고 있다. 한진그룹은 2019년 조양호 회장이 갑자기 타개하자 유족간 분쟁이 벌어졌고 이에 KCGI라는 펀드가 가세해 후계구도가 더 복잡해졌다. 교보생명의 경우에도, 2003년 창업주가 사망하자 대규모 상속세 부담 때문에 사모펀드(PEF)를 끌어들였고, 이후 경영권 갈등이 촉발되었다. 상속세가 초래한 한미약품의 경영권 분쟁은 유명하다. 2020년 창업주가 별세하면서 5,400억원의 상속세가 부과되자 회장 모녀측과 두 아들 측이 갈등을 빚으면서 지독한 경영권 분쟁을 겪고 있다.

기업 붕괴가 누적되고, 산업 공동화가 일어나며 경제활력은 떨어진다. 국가경제는 후퇴한다.

상속세, 은밀한 사회주의 프로그램

상속세가 무서운 이유는 폭발적인 저항 없이 한 세대 안에 소유의 종말을 이뤄낼 수 있는 매우 유효한 사회주의 전략이기 때문이다. 상속세는 큰 논쟁이나 공개적인 충돌 없이, 국민적 평등 관념을 엄폐물 삼아 부지불식간에 조용히 사회주의로 가는 지름길을 열어준다.

(이런 맥락에서 표면적으로 드러난 공산주의보다 우리 사회에 내면적으로 깔려있는 사회주의적 마인드가 더 위험하다고 할 수 있다. 사회주의적 마인드는 겉으로는 사적 소유권 폐지 등을 내세우지는 않지만, 실제로는 약탈적 과세로 사실상 소유의 폐지를 지향해 나가기 때문이다.)

대한민국은 오랫동안 북한과 체제 경쟁을 펼쳐왔고 이미 승리했다는 국민적 상식이 뿌리내린 상태이지만 다름 아닌 '상속세'에 의해 사회주의화 될 가능성에 직면하고 있는 것이다. 간첩보다 무서운 것이 상속세라는 말이 나오는 이유다.

[생각해보기]

스웨덴은 어떻게 상속세의 저주를 극복했나

스웨덴 제약회사 ASTRA의 사례는 상속세가 어떻게 치명적인 자본유출을 일으키는지 보여준다. 1984년 까지만 해도 스웨덴의 상속세율은 무려 70%로 당시 세계 최고였다.

이 때 ASTRA 설립자의 부인이 사망하는 일이 벌어진다. 이미 설립자가 사망할 때 미망인은 많은 주식을 상속받았기 때문에 그의 자녀들은 어머니의 사망으로 상속세를 내기 위해 주식을 팔아야 했다.

그러자 부인 소유의 부동산과 주식이 상속세 납부를 위해 상당 부분 매각될 것이라는 소문이 시장에 퍼졌다. 대규모 주식매도물량이 쏟아진다는 소문이 돌기 시작하자 주가가 폭락했다. 물려받은 주식을 모두 매각하고도 상속세를 다 내지 못하는 바람에 상속인들이 파산을 선언했다.

결국 ASTRA는 영국 기업 제네카(Zeneca)에 팔렸고 1999년 인수합병을 통해 아스트라 제네카(Astra Zeneca)로 재탄생, 영국 케임브리지에 본사를 두게 된다.

이 과정을 거치며 유족은 스웨덴을 떠났고 이를 계기로 스웨덴의 다른 창업주 가문들의 국외 탈출 러시가 이어졌다. 기업들이 아스트라의 사례가 자신에게도 해당될 수 있다는 것을 깨닫게 된 것이다.

이 때 스웨덴을 떠난 기업 중에는 우리의 귀에도 익숙한 기업들이 많다. 우유팩 기업으로 유명한 테트라팩(Tetra Pak), 세계적인 가구 회사 이케아(IKEA) 등의 창업주와 가족들이 이 무렵 대거 이민을 떠났다.

이케아는 본사를 네덜란드 델프트로 옮겼고 창업주는 스위스로 이주했다. 의류 회사인 H&M은 본사를 옮기는 대신 창업자가 해외로 탈출했다. 테트라팩은 1981년 본사를 스위스로 이전하고 창업자는 미국 이민을 택했다.

이러한 파동을 거치며 스웨덴은 2004년 배우자에게 적용되던 취득형 상속세(inheritance tax)를 폐지하였고, 2005년에는 아예 상속세와 증여세를 폐지하였다. 그리고 2007년에는 부유세마저 폐지한다.

이 같은 일련의 조세 개혁 과정에서 상속·증여세 폐지에 대한 스웨덴 국민들의 저항감은 전혀 없었다. 오히려 상속증여세 완전폐지 이후, 그동안 스웨덴을 떠났던 부유층 국민 4,000명이 다시 귀국하기도 했다. [29]

29 『행복한 나라의 불행한 사람들』 박지우 지음

“

상속세 폐지 운동에 있어
무엇보다 우선되어야 할 것은
강한 의지를 지닌
국민운동 주체의 확립이다.

”

4부

상속세 폐지 운동의 전략

한국인의 평등 관념은 두텁고 견고하다. 문제는 정서적으로 거부감이 심한 상속세 폐지를 위해 어떻게 대중을 설득할 것인가! 라는 것이다.

01
한국적 평등관념은 두텁고 견고하다

우리 사회에는 보이지 않는 공감대가 있다. '상속은 부모 잘 만나 공짜로 물려받은 소득이니 세금을 무겁게 때릴수록 정의로운 것'이라는 판단이다. 특히 재벌이 축적한 부에 대해서는 재벌가의 특출난 능력이라기 보다는 정부와 국민이 함께 만든 것이라는 인식이 강하다. 상속세가 현재의 모습을 띠고 있는 이유 역시 이러한 '국민대중의 암묵적 인식'을 기반으로 한다. [30]

내가 상속세폐지 운동을 해야겠다고 주변에 의지를 밝혔을

30 우리 국민들은 한국의 재벌기업이 초기 성장 과정에서 정부의 다양한 특혜성 지원을 받았다고 생각하는 경우가 많다. 특히 70년대의 과도한 인플레는 성실한 노동자의 희생을 동반하지 않을수 없었다.

때, 말리는 사람이 많았다. '상속세 폐지' 주장이 여러 사람들의 동의는 커녕 반감만 얻을 것이라는 걱정 때문이었다. 이 걱정은 지나친 걱정이 아니었다.

상속세에 대한 대중의 고정관념이 얼마나 공고하고 '상속세 폐지'에 대한 보이지 않는 저항감이 어느 정도 인지? 단적으로 보여주는 사례가 있다.

2021년, 당시 최재형 감사원장은 감사원에 사직서를 내고 야당이던 국민의힘 대선 경선 예비후보로 등록한다. 오랜 공직생활을 정리하고 대선주자로 뛰기 시작한 것이다. 그런데 초반에 파란을 일으키며 약진하던 최재형 후보는 충분한 내부 논의 없이 '상속세 전면 폐지'를 공약으로 내세웠다가 큰 곤욕을 치렀다.

최재형 후보는 이렇게 주장했다.

> 상속세 폐지를 공약합니다. 상속세는 이제 돈 많은 일부 부자나 재벌들만의 문제가 아닌, 열심히 일해서 집 한 채 겨우 마련해 자식들에게 물려주고 싶은 중산층, 일반 국민이 부딪혀야 하는 문제와 짐이 되었습니다. 상속세는 극히 일부 부자

들이나 재벌들에게만 관련된 문제가 아닙니다. 최근 부동산 가격이 많이 상승해 부동산을 갖고 계신 분들이라면 대부분 상속세를 걱정해야 할 상황이 되었습니다.

문제는 그 다음이었다. 이 같은 입장이 발표되자 당파를 초월해서 수많은 압력과 비판이 쏟아졌다. 선거 캠프 상황실장을 맡기도 했던 김모 의원은 "(상속세 폐지 공약) 관련 기자간담회를 하신다고 해서 제동을 걸었다"고 밝혔다.

당내 다른 경쟁 후보들도 "어떤 조언을 듣고 계시는지 모르겠지만 잘못된 정보에 기초한 왜곡된 조언에 흔들리시는 것 같아 안타깝다"며 실망감을 표현했다. 심지어 정의화 전 국회의장은 "크게 실망했다" 며 자신의 페이스북에 '최재형 후보에 대한 정치적 지지를 철회한다'는 글을 쓰기도 했다.

심지어는 같은 보수진영 내부에서 조차 엄청난 비난이 쏟아진 것이다. 이로써 최재형 후보의 '상속세 폐지론'은 날개도 펴보지 못한 채 치명적인 타격을 입고 수면 아래로 내려갔다.

왜 폐지론이 힘을 얻지 못했나?

우리나라에서는 그동안 '상속세 폐지'를 요구하는 목소리 자체가 선명하게 제출되지 못했다. 그 이유는 '평등 관념'이 매우 팽배해 있는 한국적 정서 때문이다.

즉 강력한 여론의 장벽에 포위된 상태에서 심지어는 상속세 문제와 이해관계가 직결된 경제단체들도 '폐지'목소리를 제대로 내지 못하고 있는 것이다.

대표적으로 상장사 협의회나 전경련 등도 '상속세를 폐지하라!'는 주장을 적극적으로 내세우지 않는다. 최대주주 할증 평가 규정 폐지 [31] 가업상속공제 대상 확대 [32] 유산세 방식에서 유산취득세 방식으로의 전환 [33] 등 비교적 온건한 정책들을 제안 형

---

31 OECD 국가 중 한국만 최대주주의 주식상속시 20% 세율 할증을 적용하고 있다

32 현행법은 10년 이상 경영한 중소기업과 매출액 4천억원 미만 중견기업을 상속하는 경우, 일정 한도로 과세대상에서 공제하고 있다.

33 현재의 상속세는 돌아가신 분의 생애 재산 전체를 과세표준으로 삼는 유산세 방식을 택하고 있다. 반면, 유산취득세는 각각의 유족이 실제로 물려받은 상속분에 대해서만 과세표준을 계

식으로 주장할 뿐이다.

경제단체들이 이렇게 낮은 요구 수준에 머무르는 이유는 추측하기 어렵지 않다. '상속세 폐지'를 전면 주장하기에는 사회적 여론이 너무 부담되기 때문이다. 반기업정서가 팽배한 상황에서 공식적인 기업의 대변자가 '폐지'를 주장하면 오히려 역풍을 맞을 수 있다고 판단했을 수도 있다. 요컨대 기업의 이익을 대표하는 조직이나 기관에서도 쉽사리 '상속세 폐지'를 공개적으로 내세우기 어려운 사회환경이라는 것이다.

두번째로 상속세 납부의 당사자들이 개별적인 회피와 절세에만 집중해왔던 것도 그동안 상속세 폐지론에 힘이 실리지 못한 한 원인이었다.

개별기업은 말 그대로 '개별적으로 상속세를 피해가는 방법'에 골몰했을 뿐 제도적 대안으로서의 상속세 폐지를 제기하는 문제에는 관심이 없었다. 법지식을 활용해 상속세 시스템의 빈틈을 찾아내는 절세전략에만 몰두한 것이다.

산한다. 유산은 여러 자식들에게 쪼개져서 상속되는 경우가 많기 때문에 상속받는 사람들 각각의 상속분을 기준으로 과세하게 되면 낮은 구간의 과표를 적용받을 가능성이 높아진다.

상속세 문제를 꾸준히 제기해온 언론의 경우에도 주로 '살인적 세율' 문제를 지적했을 뿐, 상속세 자체의 폐지에 대해서는 체계적인 논리를 제공하는 경우가 드물었다.

결국 유독 강력한 한국인의 평등정서 [34] 속에서 개별 기업은 상속세를 회피하는데만 집중하고, 기업가 단체와 언론은 세율인하 같은 온건한 대안만 주장하다 보니 결국 '상속세 자체를 폐지하자'는 주장은 아예 입지 자체를 확보하지 못한 것이다.

---

34 대한민국에서 유독 평등 관념이 강한 이유는 여러 가지로 설명된다. 역사적으로는 조선이 망하기 전에 신분제가 공식 폐지되었다. 그 이후 식민지와 해방, 6.25 전쟁 같은 역사적 충격을 거치면서 계급 계층 간의 상하관념은 거의 흔적조차 남지 않게 되었다. 재벌집 아이들부터 가난한집 아이들까지 모두 같은 초등학교를 다니는 거대한 평등 기반 위에서 우리나라는 '남들 하는 만큼 나도 해야 된다'는 <경쟁적 평등 의식>이 뿌리 내리기 시작했다.

02
'인하'가 아니라 '폐지'가 대안이다

〈상속세 폐지 운동〉은 평등주의 전통이 강한 한국에서 거대한 사회적 고정관념과 오랜 시간 맞서 싸워야 하는 고독한 운동이다. 선입견의 벽은 높다. 상속에 대한 부정적 인식이 팽배한 상황에서 경제발전 전략으로서의 '상속세 폐지'는 쉽사리 대중의 환영을 받기 힘들다.

하지만 천리길도 한걸음부터 라는 말이 있다. 일단 '상속세 폐지론'을 명확하게 세우고, 전략적으로 움직이는 것이 중요하다. '폐지'에 대한 관점을 명확히 한다는 것은 다시 말해, 폐지가 아닌 세율인하 같은 타협적인 대안들에 대해서는 부정하자는 의미이다.

폐지가 유일한 대안이다

상속세 제도 자체의 폐지가 아닌 '세율인하'는 의미있는 대안이 되지 못한다. 세 부담이 다소 낮아질 뿐, 상속세 때문에 빚어지는 경제 행위의 왜곡은 그대로 반복될 것이기 때문이다.

기존의 상속·증여세 시스템을 유지하면서 세율만 낮출 경우, 기존의 정부 조직과 각종 규제는 그대로 유지된다. 따라서 그에 수반되는 여러 가지 문제도 그대로 존속된다.

세율이 낮아져도 같은 세법 체계가 존재하는 한, 해당 세금을 회피하기 위한 기업의 행위는 똑같이 반복된다. 세금이 100원에서 50원으로 낮아진다고 해도, 관련 세목이 존재하는 한 그와 관련된 경제주체들의 행동 패턴은 똑같이 유지되는 것이다. 따라서 '세율인하' 수준의 조치로는 상속세의 근본적인 모순을 해결할 수 없다.

이런 맥락에서 유산취득세로의 개편이나 '대주주 할증제 폐지', '가업공제의 확대' 등도 상속세 문제의 본질적 해결책이 아니다. 반드시 '폐지'만 의미있는 대안이 된다.

(스웨덴의 경우, 상속세를 폐지하던 2004년 당시 70%에 이르던 상속세율이 이미 30%까지 낮아진 상태였다. 그럼에도 불구하고 스웨덴 국민들이 상속세의 완전 폐지를 택한 이유는 '세율 인하'로는 상속세의 근본적 문제를 전혀 해결할 수 없다는 강력한 공감대가 있었기 때문이다.)

상속세 폐지 운동의 본질

상속세 폐지운동은 세대간 자본이동을 과세 대상에서 아예 제외하자는 운동이다. 즉 가족내부 경제력의 이동을 과세대상으로 삼는 세금은 아예 존재해서는 안 된다는 관점을 기본으로 한다.

이는 근대 이후 인류에게 풍요를 가져온 사유재산의 보호, 헌법으로 보장된 재산권의 보호를 확고히 하자는 운동이다.

오래전부터 사적 소유를 만악의 근원 쯤으로 생각하는 관점이 있어 왔다. 하지만 역사적으로 재산권의 보장은 민중의 권익을 보장하는 차원에서 이뤄진 중요한 역사의 진전이었다. 조선이 망국의 길로 들어선 원인의 하나로 꼽히는 것은 국가가 토지대장을 부실하게 관리하여 소유권자를 확인하기 어려울 정도로 개인 재산에 대한 보장이 이뤄지지 않았기 때문이었다.

우리는 사적 소유권의 궁극적이고 완전한 보장을 위해 가족내부의 경제력 이동과 세대간 부의 이전에 대해 과세를 금지해야 한다. 가족은 사적 소유권의 실체이며 가족간 부의 이동은 '소유권 내부의 재편' 이기 때문이다.

가족 내부에서 이뤄지는 부의 이전에 대해 국가가 조금이라도 과세할 경우, 이는 필연적으로 경제행위의 왜곡을 동반할 수밖에 없다.

이런맥락에서 현재 대한민국 상속세의 폐단과 역사적 한계는 시간이 지날수록 점점 더 크게 다가올 수밖에 없다. 이 문제는 무엇보다도 현재 우리가 직면하고 있는 저출산 고령화 문제의 해법을 모색하는 과정에서 더 큰 설득력과 의미를 부여 받을 수밖에 없다.

자본의 족쇄를 풀어주고, 오히려 그 역동성을 높여서 문제를 해결하는 전략이 점점 더 설득력을 가지게 될 것이다.

03
폐지운동의 전략

유독 강한 평등관념이 존재하는 환경에서 어떻게 대중의 고정관념을 돌파하고, '상속세 폐지'라는 궁극의 대안을 설득해 나갈 수 있을까? 두말할 것도 없이 이 과정에는 매우 전략적인 사고와 접근이 필요하다.

'증여세 폐지'를 선행하자

대중설득의 방법론으로 '증여세 폐지'를 강조하는 전략을 생각해 볼만하다. 앞서 언급했듯이 증여세는 상속세의 '구멍'을 막기 위해 만들어진 제도인데 어떤 측면에서는 전체 상속세 시스템의 약한 고리이기도 하다.

만약 상속세가 유지되는 상태에서 증여세만 폐지되면 어떤 일이 벌어질까? 납세자는 상속세를 피하기 위해 당연히 '생전 증여'에 집중하게 된다. 대주주의 갑작스런 사망이 아니라면, 사전 증여로 상속세를 회피하는 공식적 경로가 열리는 것이다. 이는 말할 것도 없이 세대간 부의 이전을 크게 활성화 시키게 된다.

기업으로서는 세금부담 없이 좀 더 합법적이고 체계적인 경영권 승계를 준비 할 수 있기 때문에 상속세의 역효과가 거의 사라진다.

증여세 폐지는 국가 재정에 부담을 주지 않고 정부가 할 수 있는 최고의 경기 부양책이 될 수 있다. 어차피 사후 상속으로 남겨줄 정도의 재산적 여유가 있는 계층이 자산의 일부를 좀 더 일찍 자식에게 물려줄 수 있도록 제도상의 유인을 만들어 주는 것이기 때문이다. 이는 감세도 아니고, 정부 지출을 늘리는 것도 아니면서, 자식세대의 복지환경과 소비 여력을 높여주는 좋은 방안이 된다.

따라서 증여세 폐지론은 상속세 폐지와 사실상 같은 의미를 지니면서 대중의 호기심을 자극하고 폐지의 경제효과를 미리 설득하는 효과가 있다.

세목 교환 전략

상속세 폐지에 동의하지 않는 사람들에게는 차라리 다른 세금의 세율을 높이고, 상속세는 폐지하자는 논리로 접근 할 수도 있다.

상속세로 거둬들이는 세수는 앞서 말했듯이 불과 2~3%수준이다. 따라서 '상속세를 폐지하되 차라리 그 만큼의 세수 손실을 방어할 수 있는 다른 세금의 세율을 높이자'는 주장은 상속세가 갖는 특유의 해악을 제거하면서도 세수손실은 전혀 없는 신박한 방법론이 된다.

세목하나를 없애되, 다른 세목의 세율을 높이는 이런 방식을 '세목교환전략'이라고 부를 수 있다. 예를 들면 상속세를 폐지하고, 소득세 혹은 법인세의 최고 세율을 1%정도 올리자는 주장으로 대중설득의 논리를 작성할 수 있는 것이다.

양도소득세로의 전환

스웨덴이 상속세 폐지 후 도입했다고 알려진 이른바 〈자본이득세〉는 전혀 새로운 세금이 아니다. 본질적으로 '양도소득세'와 다를 바 없다. 유산을 물려받은 시점에는 아무 세금도 내지 않지만, 해당 유산을 양도해서 소득이 발생할 때 마다 건별로 소득 규모에 맞춰 세금을 내기 때문이다.

이렇게 하면 손쉽게 '상속세의 저주'에서 벗어날 수 있다. 상속세가 문제되는 이유는 한 인간이 생애 전반에 걸쳐 축적한 자산 전부를 미실현이익 까지 모두 포함해서 과세 표준으로 삼기 때문이다.

만약 상속세가 없어지면 유족은 유산을 세금없이 무상으로 상속받고, 이후 각 유산들을 매도하는 시점에 양도세를 내는 방식을 따르게 된다. 이 때 취득원가는 돌아가신 분이 생전에 구입했던 매입가다. 이 가격과 매도 가격과의 차액이 과표가 된다. (현재는 개인이 상속세를 내고 상속받은 자산의 경우, 상속세를 낼 때 인정받은 가격이 취득원가가 된다. 상속인은 나중에 해당자산을 팔 때 양도소득세를 또 부담한다.)[35]

물론 이렇게 상속세를 폐지하고 양도소득세로 전환하게 되면

---

35 부록: <상속세 유지 및 세율인하와 양도소득세로 통합시 세수 비교> 참조

예·적금, 현금 등의 자산이 과세대상에서 누락되는 현상이 발생할 수 있다. 하지만 이는 전체 상속자산의 5% 이내 수준에 불과하고 과세누락에도 불구하고 세수에 크게 영향을 주지 않는다. (현실적으로 현금에 과세하는 것은 불가능에 가까운 측면도 있다.)

우리는 대중설득의 전략 차원에서 처음부터 양도세 혹은 자본이득세로의 전환이라는 개념을 강조할 수도 있다. 많은 경우 상속세와 자본이득세의 차이에 대해 잘 알지 못하는 경우가 많다. 심지어는 스웨덴이 상속세를 폐지 한 것이 아니라 이름만 바꿔서 계속 존속 시키는 것으로 오해하기도 한다.

1400만 개미를 우군으로

한국의 평등관념은 강고하다. 이런 국민정서와 정면대결은 힘들다고 생각할 수도 있다. 그러나 상속세 폐지론 진영에 매우 중요한 우군이 있다. 1400만 명에 달하는 개미 주식투자자들이다.

이들에게 상속세가 코리아디스카운트의 핵심 원인임을 설명하고, 광범한 동의를 얻어 낼 수 있다면, 상속세 폐지론은 힘을 크게 얻을 수 있다.

국민운동이 필요하다

상속세 폐지 운동에 있어 무엇보다 우선되어야 할 것은 운동 주체의 확립이다. 사회의 변화 발전과정에는 일단 주체가 필요하다. '상속세 폐지' 입장을 분명히 한 추진 주체를 분명히 하고, 대중에 대한 장기적이고 전략적인 설득에 돌입해야 한다.

앞서 최재형 의원의 사례에서 보듯이 정치권이 선도적으로 상속세 폐지를 제기할 가능성은 거의 없다. 정치권의 인식 수준은 상속세 문제에 있어 아직 고리타분한 평등관념을 벗어나지 못하고 있다.

더군다가 정치인은 속성상 다수 여론의 눈치를 먼저 보기 때문에 설사 상속세 폐지에 대한 소신을 가진 정치인이 있다 해도, 국민적 분위기가 지금과 같은 상황에서는 주도적으로 이를 먼저 들고 나올 가능성은 거의 없다. 먼저 돌을 맞을 용감한 정치인이 없는 것이다.

결국 중요한 것은 먼저 보고, 먼저 판단해서, 먼저 결심한 국민들의 자발적 사회운동이다. 상속세 폐지가 향후 한국경제의 전략적 전환에 얼마나 중요한 의미를 갖는지, 현행 상속세가 얼마나 근본적인 모순을 갖고 있는지 먼저 인식하고 앞장서 실천하기 위한 사회 운동의 세력화 작업이 추진되어야 한다.

상속세 폐지에 대한 확고한 입장을 갖는 사회세력을 형성하고 그들이 끈질긴 헌신성을 발휘해 이 문제를 지속적인 사회 이슈로 제기하는 방법외에는 특별한 왕도가 없는 상황이다. 이 과정에서 설사 10년 혹은 20년이 걸리더라도 문제를 반드시 해결해 내겠다는 강력한 의지가 필요하다.

04
상속세 폐지의 경제효과

상속세가 폐지된다면 우리 경제는 어떤 효과를 기대할 수 있을까? 우선 가장 먼저 기대되는 것은 주식시장의 정상화이다. 상속세 폐지를 통해 코리아디스카운트 문제가 반전의 계기를 맞게 된다면 우리나라 주식시장은 1~2년 안에 급격한 상승국면을 맞게 될 가능성이 높다.

진격의 코스피를 만들 수 있다

이렇게 생각되는 이유는 앞서 언급했듯이 지금 우리나라 주식시장에 PBR(장부가격대비 시가총액) 1.0 이하인 기업이 수두룩하게 널려 있기 때문이다. 모름지기 상장기업이라면 PBR이 1.0

을 넘겨야 정상이다. 기업이 증권시장에 상장한다는 얘기는 해당 기업의 가치를 알아본 투자자들로부터 미래의 자금을 먼저 조달한다는 의미를 갖기 때문에, 현재의 장부가액 보다는 주식시장에서의 시가총액이 높은 (즉 PBR 1.0 이상인) 상황이 정상인 것이다.

그런데 우리는 매우 건실한 기업들조차 PBR이 1 이하에 머물고 있는 경우가 많다. 이런 상황에서 '코리아 디스카운트'를 극복하고 주식시장이 정상 궤도에 오른다고 가정해보자. 예를 들어 PBR이 0.5인 현대자동차가 PBR 1.0만 회복해도 주가는 당장 2배가 상승한다. (이를 코스피 지수로 환산하면 코스피 2500 수준이던 시장이 코스피 5000수준으로 상승한다는 말이 된다.)

대주주-일반주주 충돌구조 극복

무엇보다 상속세를 폐지하면, 대주주와 일반주주 사이의 이해 충돌 구조를 극복해 나갈 수 있다. 현재는 대주주와 일반주주가 사실상 반대 방향의 이해관계를 갖고 대치중인 상황이다.

이는 대주주 입장에서는 배당확대 등 주가 상승 정책에 별 관심이 없거나 오히려 주가를 눌러야 유리한 조건에 있기 때문에 발생한 모순이다.

따라서 상속세가 초래한 경제 변태성을 제거해주면 대주주도 자기 회사의 주가를 높이는데 관심을 갖게 된다. 우리도 정상적인 자본주의를 추구할 수 있는 계기가 마련되는 것이다.

이렇게 주식시장이 정상화를 거쳐 활성화로 나아가게 되면 부동산 시장으로 쏠릴 자금이 건전한 투자자금으로 흘러드는 효과도 기대할 수 있다. 이는 한국인의 전통적 축적 수단인 부동산 외에 또 다른 '개인'의 자산의 축적 채널이 열린다는 것을 의미한다. 이는 두말할 것도 없이 한국경제가 좀 더 역동적인 에너지를 얻게 됨을 의미한다.

한마디로 상속세를 폐지하면 우리 증시가 더 이상 비정상적 상황에 시달리지 않아도 되고 한국의 기업가치는 정상가치를 회복할 수 있는 계기가 마련된다.

기업가 정신이 만발한다

무엇보다 기대되는 부분은 소유 지배구조를 억누르는 물질적·정신적 족쇄가 풀리면서 기업가들이 정상적인 경영에 전념할 수 있는 환경이 만들어진다는 점이다.

오늘날 우리 기업인들에게 최대 관심사는 뭐니 뭐니 해도 경영권의 안정적인 승계 문제일 수밖에 없다. 가혹한 상속세 환경에서, 대주주는 사업 자체보다 이미 형성된 기득권을 손실 없이 제대로 계승하는 일이 더 중요한 일이기 때문이다.

그러다 보니 경영상의 많은 전략적 고민과 역량이 사업 확대와 축적에 쓰이는 것이 아니라 상속세 회피에 쏠려 있다. 이런 상황에서 상속세 문제가 해결되면 이 유능한 자원들이 '상속'이 아닌 '사업'쪽으로 집중될 조건이 만들어진다.

나는 상속세가 폐지되면 우리나라의 '기업가 정신'이 활짝 꽃피울 것이라고 확신한다. 이것은 나만의 주장이 아니다. 피터드러커는 자신의 저서 〈넥스트 소사이어티〉에서 정주영 회장과 대담을 통해 한국인의 기업가 정신을 극찬한 바 있다. 드러커는 이렇게 말했다.

“세계에서 기업가 정신이 제일 강한 나라가 어딘가? 한국이다.”

피터드러커의 눈에는 대한민국이야 말로 ‘무에서 유를 창조해낸 나라’인데, 이를 가능하게 만든 근본 동력이 바로 한국의 기업가 정신이었던 것이다.

소유 지배구조의 영속성이 보장되지 않는 조건이라면, 기업가는 기업경영 보다 경영권 승계문제에 집중할 수밖에 없다. 당연히 이러한 조건에서는 결코 기업가 정신이 발휘 될 수 없다.

피터드러커

스마트폰과 반도체 부분에서 세계 1위 자리를 차지하고 있던 삼성전자는 2019년부터 2023년까지 경영권 승계 문제로 오너 일가가 사법리스크를 겪으면서 스마트폰 분야에서 1위 자리를 애플에 내주었고, 반도체 부문에서는 TSMC, 인텔, 엔비디아에 밀려 세계 4위로 미끄러졌다.

상속세 폐지는 기업인에게 경영활동의 성과물이 온전하게 자기 소유로 귀속될 수 있고, 이를 바탕으로 사회에도 공헌할 수 있다는 강력한 신호를 줄 것이다. 한국의 기업가 정신은 바로 이러한 토양위에 비로서 꽃피울 수 있다.

내수 진작과 경제성장

걱정스럽게도 우리나라의 경제성장률은 추세적으로 하강하고 있다. 2023년 한국의 경제성장률은 심지어 일본(1.9%)보다도 낮은 1.4%에 머물렀다. 국내총생산(GDP) 성장률이 일본보다 낮아지기는 1998년 이후 25년 만에 처음이다. 위기 신호가 아닐 수 없다. 국가의 미래라는 측면에서 볼 때 심각한 문제다.

어떻게 우리 경제의 성장률을 높일 수 있을까? 우리나라는 자영업자의 비중이 높은 나라다.[36] 자영업자가 많다는 것은 경제에서 '내수'가 매우 중요한 문제임을 의미한다. 자영업 기반이 두터운 경제에서는 내수 활성화 없이는 경기 상승을 기대할 수 없다.

그런데 내수 진작을 위해서는 규제 개혁이 필수적이다. 신규 자원의 투입 없이 규제만 풀어도 어느 정도 진작 효과를 추구할 수 있기 때문이다.

상속세 폐지는 상속세 시스템에 수반된 여러 가지 부수적 제도와 기관, 규제 등을 동시에 혁파하는 계기가 된다. 증여세 규제가 대표적이다. 앞서 언급했듯이 증여세 규제가 사라지면 부모 입장에서 자식들에게 주택이나 고가의 내구재를 사줘도 일체의 세금부담이 없다. 증여세의 압박으로 차단되거나 비공식적으로 이뤄지던 경제행위의 장벽이 사라지는 것이다. 이렇게 잠재된 증여수요만 풀어줘도 내수 진작효과는 발생할 수밖에 없고 경제력의 자유로운 이동과 거래 활성화로 화폐회전 속도가 높아지면 그 자체로 국내 경기 활성화에 큰 도움이 된다.

---

36 한국의 자영업자는 600만명 수준으로 취업자수에 대비한 비율로 따지면, 약 20%에 달한다. 이는 미국 (6%수준), 일본 (10%수준)에 비해 훨씬 높은 수준이다.

상속세 폐지, '한국경제의 린치핀'

상속세는 한국경제의 발전을 가로막고 교란 시키는 가장 근본적인 원인이라고 할 수 있다. 민간 기업이 경제행위를 영위하기 위한 가장 중요한 전제는 사적 소유권 혹은 사적 지배권의 보장인데 상속세 때문에 기업지배구조의 세대간 계승에 근본적 위협이 초래되기 때문이다.

이런 상황 속에서 상속세는 한국경제 내부에 존재하는 여러 가지 경제적 변태성의 근본원인으로 작동할 수밖에 없다.

앞서 살펴보았듯이 상속세 문제는 우리나라 자본시장을 왜곡하는 중대 장애물로 작동해왔다. 코리아디스카운트로 지칭되는 자본시장 전반의 왜곡현상은 결국 자본의 역동성을 떨어트려, 기존사업의 구조조정이나 신사업의 태동 같은 전략적 결정에 중대한 제약을 초래하고 결국 국가경제를 총체적인 저성장의 늪으로 인도한다.

그런데 바로 이와 같은 문제인식을 반대 측면에서 인식하자면, 상속세 폐지라는 단순한 전략을 통해 여러 가지 문제를 한번에 해결할 수 있다는 뜻이 되기도 한다. 악순환의 중심고리였던 '상속세'를 폐지해서, 거꾸로 선순환의 연쇄 반응을 시작할 수 있는 것이다.

마케팅 전문가 세스고딘(Seth Godin)[37] 이 강조한 개념 중에 린치핀(Linchipin)이라는 말이 있다. 린치핀은 원래 마차나 수레, 자동차의 축에 꽂는 작은 핀을 말한다. 이 핀은 얼핏 작고 사소해 보이지만, 실제로는 매우 중요한 의미를 지닌다. 린치핀이 없으면 바퀴가 축에서 빠져 달아나고, 결국 마차 전체가 뒤집히기 때문이다. 얼핏 보면 간단한 부속처럼 보이지만, 알고 보면 이후에 설계된 연속적 인과관계 때문에 결과적으로 매우 중요한 시작점이 되는 존재가 바로 린치핀인 것이다.

나는 상속세 폐지야 말로 점점 침체의 늪을 향해 나아가고 있는 우리 경제의 터닝 포인트가 될 것이라 확신한다. 자본의 자유로운 이동과 운동을 가로막는 상속세라는 족쇄를 풀어줌으로써 이후 한국경제의 많은 전략적 과제들을 한 방에 해결할 수 있는 핵심 고리가 될 수 있는 것이다.

상속세 폐지를 한국경제의 터닝 포인트로 삼는 전략은 바로

---

37 <보랏빛 소가 온다> 등의 저서로 널리 알려진 세계적인 비즈니스 전략가.

이런 맥락에서 매우 유효하게 제기 될 수밖에 없다.

“

상속세 폐지는
나라를 부강하게 하고
국민을 부유하게 해줄
최고의 정책이다.

”

에필로그

국가전략과 세금

모든 국가는 자기의 환경과 조건에 따라 생존과 발전을 위한 전략적 목표를 가지게 된다. 우리나라는 국토의 크기와 활용가능도, 자원의 유무와 자본축적의 정도, 인구의 규모와 질등 제반 여건을 검토했을 때 이웃 나라들과 비교우위를 가질 수 있는 유일한 강점은 인적자본일 수밖에 없다. 결국 한국의 국가전략은 인적 역량을 어떻게 활용하고 이들이 어떻게 국가전체를 위해 활동할 수 있는가에 국가의 운명이 달려 있다.

국가의 정책은 이런 전략적 목표를 달성할 수 있도록 조정되고 맞추어져야 한다. 인간이 가장 열심히 활동할 수 있는 제도는 무엇일까? 타인에게 해를 끼치지 않은 범위에서 폭넓게 인정되는 이기적 욕망을 추구할 수 있는 자유와 이를 통해 형성된 재산에 대한 확고한 보호, 즉 사적소유의 보장이라 할 것이다. 상속세폐지는 이런 의미에서 인적자원의 활용에 가장 효율적인 정책이라 할 것이다.

우선 상속세를 폐지한 국가들을 살펴보면 상속세폐지 결정에 관계된 각국의 국가전략을 추론할 수 있다.

캐나다(1972년), 호주(1979년), 이스라엘(1980년)은 비교적 일찍 상속세를 폐지한 나라로 분류된다. 이들 3개 국가는 면적 대비 인구비중이 낮아 자본의 유출을 막고 이민확대를 통해 인구증가를 유인해야 할 필요성이 중요한 고려사항이었을 것으로 추정된다.

뉴질랜드(1982년), 멕시코(2005년), 스웨덴(2005년) 같은 나라들은 앞선 국가에 비해 늦게 폐지한 국가들이다. 지리적으로 인접한 국가들 (뉴질랜드는 호주와 멕시코는 미국과 캐나다, 스웨덴은 독일등 전통적인 유럽의 강국들)과의 경쟁력 약세를 만회하고 자본의 유출을 막기 위해 어쩔 수 없이 폐지할 수밖에 없었던 것이 아닌가 추정할 수 있다.

최근 상속세폐지를 추진 중인 영국의 경우, 브랙시트로 통합 EU시장을 잃고 난 후 기업들의 해외 이주를 막고, 외국기업의 유인 및 내수활성화를 목적으로 하고 있는 것으로 보인다.

이렇듯 상속세를 폐지한 각국은 개별국가 고유의 국가전략에 따라 상속세를 폐지했다고 추정할 수 있다.

그럼 대한민국의 국가생존을 위협할 가장 중요한 문제는 무엇인가?

첫째는 지속적인 경제성장율의 저하(1973년 경제성장율 14.9%를 고점 이후 전두환전대통령 집권 기간과 김대중전대통령 집권 기간을 제외하고는 반등다운 반등없이 하락을 계속하여 거의 1%에 수렴하고 있음)다. 성장률의 지속적 저하는 국가의 기저에 커다란 갈등을 유발하게 되어 있다. 이런 갈등이 표면적으로는 정치 갈등으로 표출되고 있는 것이다.

둘째는 세계에서 가장 급격하게 줄어들고 있는 출산율이다. 출산율은 정치경제문화세계관등 사회전반에 흐르는 제반요소들의 총합이라 할 수 있다. 출산율이 낮아진다는 것은 국가의 지속성에 커다란 위협이 아닐 수 없다.

이런 문제를 해결하기 위해서 정부는 어떤 정책을 선택해야 할까? 대한민국에서 가장 중요한 두 가지 문제를 해결하는 가장 쉬운 방안이 바로 상속세폐지이다.

상속세폐지는 정부부채 없이 민간부문의 소비활동을 촉진시켜 민간최종소비비중의 증가를 가져올 수 있는 부작용 없는 가장 용이한 방법이다. 6천조에 달하는 민간자산들이 자유롭게 활동하게 함으로써 국내소비를 증가시켜 성장률을 자극할 수 있을 것이다.

기존 상속세가 가족관계를 약화시키는 부작용을 초래한 것처럼 상속세폐지는 미약하나마 가족관계를 회복시키는 계기로 작용할 것이다. 최근 세제개편에서 일부 반영되고 있듯이 증여를 자유롭게 함으로써 결혼을 통한 출산율 향상에 긍정적인 영향을 미칠 것이다. 이와 함께 현재 진행 중인 고액자산가 계층의 해외 이주를 막는 효과와 함께 중국 등 인근 국가에서 상속세를 피해 이전하는 해외자산가들의 유입도 기대할 수 있을 것이다.

인간의 행동에 가장 직접적인 영향을 미치는 돈, 즉 세금을 국가의 전략적 목적을 달성하기 위한 수단으로 삼는 것은 너무나 당연한 선택이다. 대한민국의 생존과 번영을 위한 가장 효율적 수단인 상속세를 폐지하여 국가 경제의 활력을 회복하고 특히 서민들의 주머니가 넉넉해지기를 기대한다.

[부록]

상속세 요약

과세대상	•피상속인이 거주자인 경우 국내·외 모든 상속재산 •피상속인이 비거주자인 경우 국내에 있는 모든 상속재산
납세의무자	• 상속으로 인하여 재산을 취득한 상속인 • 유증. 사인증여를 받은 자(수유자) 등
신고·납부기한	상속개시일이 속하는 달의 말일부터 6개월 이내 신고·납부
과세표준	• 상속재산가액 + 사전증여재산 - 비과세, 공과금, 채무, 장례비용 등 - 상속공제
상속재산가액 (재산 평가)	• 주택의 가액은 상속일 현재 시가에 따름 (1순위) 평가대상의 상속개시일 전후 6개월 내 매매, 감정 등 (2순위) 유사대상의 상속개시일 전 6개월부터 신고일 내 매매, 감정 등 (3순위) 지자체장, 국토부장관이 공시하는 개별주택가격, 공동주택가격
사전증여재산	• 상속개시일 전 10년 이내에 피상속인이 상속인에게 증여한 재산가액 및 상속개시일 전 5년 이내에 피상속인이 상속인이 아닌 자에게 증여한 재산가액은 상속재산가액에 가산 • 증여시점에 이미 납부한 증여세 상당액은 증여세액공제 적용

상속 공제	• (기초공제+그 밖의 인적공제)와 일괄공제(5억원) 중 큰 금액 • 배우자공제(상속받은 금액이 없거나 5억원 미만인 경우 5억원 공제) • 동거주택 상속공제 등
세액공제	증여세액공제, 외국납부세액공제, 신고세액공제(3%) 등
법정결정기한	• 세무서장 등은 신고기한 내에 신고를 받은 경우 신고기한으로부터 9개월 이내에 과세표준과 세액을 결정하고, 상속인에게 통지

증여세 요약

구분	내용
과세대상	• 주택을 생전에 타인에게 무상으로 이전 • 주택의 저가양수 또는 고가양도에 따른 이익의 증여 • 주택의 무상사용에 따른 이익의 증여 등
납세의무자	타인으로부터 주택을 증여받은 자(수증자)에게 부과 다만, 거주자가 국외주택을 비거주자에게 증여하면 증여자에게 부과
신고·납부기한	주택을 취득한 날이 속하는 달의 말일부터 3개월 이내 신고·납부
과세표준	증여재산가액 - 채무부담액 + 증여재산가산액 - 증여재산공제 등
증여재산가액 (재산 평가)	• 주택의 가액은 증여일 현재 시가에 따름 (1순위) 평가대상의 증여일 전 6개월부터 증여일 후 3개월 이내 매매, 감정 등 (2순위) 유사대상의 증여일 전 6개월부터 신고일 이내 매매, 감정 등 평가기간 외의 기간으로 평가기준일 전 2년 이내 또는 증여세 신고기한부터 6개월까지의 기간 중에 매매, 감정 등이 있는 경우 평가심의위원회의 심의를 거쳐 시가에 포함 가능 (3순위) 지자체장, 국토부장관이 공시하는 개별주택가격, 공동주택가격
증여재산가산액	주택 증여일 전 10년 이내에 동일인으로부터 증여받은 증여세 과세가액의 합계액이 1천만원 이상인 경우 그 과세가액 가산

증여재산 공제	• 배우자 : 6억원 • 직계존속 : 5천만원 (수증자가 미성년자인 경우 2천만원) • 직계비속 : 5천만원 • 기타친족 : 1천만원
세액공제	납부세액공제, 외국납부세액공제, 신고세액공제(3%)
법정결정기한	세무서장 등은 신고기한 내에 신고를 받은 경우 신고기한으로부터 6개월 이내에 과세표준과 세액을 결정하고, 수증자에게 통지

상속세 유지 및 세율인하와 양도소득세로 통합시 세수 비교

최초 자본금 5억원으로 시작하여 피상속인 사망으로 인한 상속시점 회사가치는 100억이고, 상속인이 상속받은 후 매각할 때 회사가치가 200억원이 되었을 경우를 가정한 것으로 각종 공제등을 제외하고 단순세율로 추정

먼저 상속세가 존재하는 현행의 기준으로 상속인 B는 상속세로 상속재산 100억원*50% = 50억원을 납부한다. 그리고 10년 후 매각할 때 양도차익(200-100억원, 상속가액이 원가가 된다)에 대해 양도소득세(현행 25%)를, 즉 100억*25%=25 억원을 낸다. 전체 75억원을 세금으로 납부하게 된 것이다.

그럼 상속세 폐지후 양도소득세로 통합했을 때는 어떻게 될까? 먼저 최초 투자금 5억원이 원가가 되어 양도차익은 200-5억원=195억원이 되고 이에 대해 현재의 세율 25%를 과세하면 48.75억원이 된다.

이번에는 상속세폐지가 가져올 긍정적 변화를 반영하였을 때

를 생각해 보자. 현재 우리나라 주식시장의 시가총액은 PBR기준 대만의 50% 수준이다. 만약 코리아디스카운트의 가장 큰 요인인 상속세가 폐지되어 우리나라의 주식시장이 정상화되면 비교적 단기간에 현재 한국기업은 지금 평가의 2배가 된다. 앞의 예에서 매각시 평가액은 200억원이 아니라 400억원이 되는 것이다. 그럴 경우 세금은 400-5억원*25%=98.75억원이 되어 현재 상속세를 받는 경우보다 오히려 23.75억원 더 많이 내고 세율인하(30%로 인한 추정)할 경우보다 43.75억원이 더 징수된다.

(단위:억원)

구분		세율	상속세	양도세	세금 합계
현행 상속세	세율 동일	상속세50%(현행) 양도세25%(현행)	상속재산 100*50%=50	(200-100)*25%=25	75
	세율 인하	30%	상속재산 100*30%=30	(200-100)*25%=25	55
폐지후 양도소득세 (자본이득세)로 통합		25%(현행)		(200-5)*25%=48.75	48.75
		25%(현행)	상속세 폐지 효과 반영	(400-5)*25%=98.75	98.75

OECD 38개국, 상속세 현황 (요약)[38]

총 38곳의 OECD 회원국 중에 상속세를 운영 중인 나라는 미국, 영국, 일본 등 24개국이며 최고세율은 아래 표와 같다.

과세 방식에 있어서는 상속세를 부과하는 것으로 분류되는 24개국 중 한국, 미국, 영국, 덴마크 4개국의 경우에만 총 유산(gross estate)에 과세하는 〈유산세 방식〉을 채택하고 있다.

공식적으로 상속세를 폐지한 나라의 숫자를 14곳으로 집계하는 경우, 이는 자본이득세를 운영하는 4개국 (호주, 캐나다, 뉴질랜드, 스웨덴) 추가소득세(Extra Income Tax)를 운영하는 3개국 (라트비아, 콜롬비아, 코스타리카) 과 비과세 7개국 (오스트리아, 체코, 이스라엘, 멕시코, 노르웨이, 슬로바키아, 에스토니아)을 합친 것이다.

그러나 상속세 부과 국가로 분류된 나라들 중에도 룩셈부르크, 리투아니아, 헝가리의 경우 배우자와 직계 가족을 비과세하고, 포르투갈은 인지세를 낼 뿐이다. 이 나라들을 사실상 상속세 폐지 국가로 분류하면 OECD에서 상속세가 없는 나라는 18개국이 된다.

---

38 OECD 회원국들의 상속관련 세제와 시사점 (국회입법조사처, 2021. 10.1 외국입법·정책분석) 자료

<table>
<tr><th>최고세율</th><th>국가</th><th>과세방식</th><th>기타</th></tr>
<tr><td>55%</td><td>일본</td><td></td><td></td></tr>
<tr><td>50%</td><td>대한민국</td><td>유산세</td><td>최대주주 할증,
실제 최고세율 60%</td></tr>
<tr><td>45%</td><td>프랑스</td><td></td><td></td></tr>
<tr><td rowspan="2">40%</td><td>미국</td><td>유산세</td><td>130억 까지
증여세 면세</td></tr>
<tr><td>영국</td><td>유산세</td><td></td></tr>
<tr><td>34%</td><td>스페인</td><td></td><td></td></tr>
<tr><td>33%</td><td>아일랜드</td><td></td><td></td></tr>
<tr><td rowspan="2">30%</td><td>벨기에</td><td></td><td></td></tr>
<tr><td>독일</td><td></td><td></td></tr>
<tr><td>25%</td><td>칠레</td><td></td><td></td></tr>
<tr><td rowspan="2">20%</td><td>그리스</td><td></td><td></td></tr>
<tr><td>네덜란드</td><td></td><td></td></tr>
<tr><td>19%</td><td>핀란드</td><td></td><td></td></tr>
<tr><td>15%</td><td>덴마크</td><td>유산세</td><td></td></tr>
<tr><td>14%</td><td>슬로베니아</td><td></td><td></td></tr>
<tr><td rowspan="2">10%</td><td>아이슬란드</td><td></td><td></td></tr>
<tr><td>터키</td><td></td><td></td></tr>
<tr><td rowspan="2">7%</td><td>폴란드</td><td></td><td></td></tr>
<tr><td>스위스</td><td></td><td></td></tr>
<tr><td>4%</td><td>이탈리아</td><td></td><td></td></tr>
</table>

최고세율	국가	과세방식	기타
0%	룩셈부르크		직계가족 비과세
	리투아니아		직계가족 비과세
	헝가리		직계가족 비과세
	포르투갈		인지세로 부과
	오스트리아		비과세
	에스토니아		비과세
	이스라엘		비과세
	멕시코		비과세
	슬로바키아		비과세
	노르웨이		비과세
	체코		비과세
	뉴질랜드		자본이득세
	스웨덴		자본이득세
	호주		자본이득세
	캐나다		자본이득세
	라트비아		추가소득세
	콜롬비아		추가소득세
	코스타리카		추가소득세

상속세를 유지하는 20국 중에, 그나마 10개국은 20%이하의 세율을 운영할 뿐이다.

우리나라는 사실상의 최고세율이 60%인 동시에 유산취득세보다 가혹한 〈유산세〉 방식을 택하고 있다는 점에서 가장 약탈적인 상속세를 보유하고 있다.

영국과 캐나다의 상속세 폐지

캐나다는 1960년 초 '카터 위원회'를 구성해 소득, 상속과 관련된 세제를 전면적으로 재검토하기 시작했다. 그 결과 1967년 카터 보고서를 발표, 상속세나 증여세를 폐지하고 '자본이득세'를 도입하는 제안을 내놓았다. 이 제안에 따라 1972년 연방정부는 상속증여세를 폐지하기로 결정한다.

이러한 전환이 가능했던 것은 일단 캐나다 연방정부의 전체 세수에 있어 상속증여세의 비중이 크지 않았기 때문이었다. (1933년~1969년 사이에 1.7%를 넘지 않음) 그 밖에 연방정부와 주정부의 이중부과로 인한 부정적 효과 등을 고려했고, 당시로서는 과세의 복잡성 문제 및 세수 대비 징수비용 문제도 상속세 폐지를 이끈 주 요인으로 평가되고 있다.

캐나다 연방정부는 상속증여세를 포기하는 대신 사망 당시의 미실현 자본이득을 사후 양도소득으로 흡수하는 방식에 대한 국민적 동의를 획득하였다고 평가된다.

영국은 상속세의 원조국으로 통한다. 영국은 1796년 상속세를 도입한 이래 지금까지 200년 넘게 유지해오고 있기 때문이다. 이 때문에 영국 역시 대표적인 상속세 강국으로 꼽힌다. 최고세율 기준으로 한국(60%) 일본(55%) 프랑스(45%)에 이어 경제협력개발기구(OECD) 회원국 가운데 네번째로 높을 뿐아니라 과표 계산 방법도 우리나라처럼 총유산에 뭉텅이로 과세하는 〈유산세〉 방식을 택하고 있다. 세율적용방식도 누진세 체계가 아니라 약 5억원 초과 유산에 40%의 단일세율을 일괄적용한다는 점에서 세부담이 무거운 편에 속한다.

이런 나라에서 갑자기 상속세 폐지의 목소리가 커진 이유는 높은 상속세를 피하려 자본이 해외로 유출되는 부작용이 발생하고 있고, 상속세가 중산층까지 큰 영향을 주는 세금이 되면서 국민 불만이 커지는 등 여론의 동향이 예전같지 않은 상황이 되었기 때문이다.

보수당 소속인 수낵 총리는 그동안 감세를 자제해왔지만 총선을 앞 둔 시점에서 여론조사 결과 유권자의 54%가 '현 상속세가 불공평하다'는 답변에 손을 들어주자 선거전략 차원에서 상속세 폐지를 들고 나왔다. 수낵 총리는 "개인들의 성공에 대한 열망을 지지하기 위해 상속세 문제에 손을 대는 것"이라고 말하기도 했다.

상속 및 증여세법 개정 연혁

[법률 제1971호, 1967. 11. 29. 일부개정]

【제정·개정이유】 전통적 가족제도를 존중하는 사회정책적 견지에서 농어민 기타 일반서민층에 대한 상속세를 면제하고 증여세의 경감을 위하여 기초공제액·부양가족공제액 면세점등을 인상하려는 것임.

[법률 제4283호, 1990. 12. 31. 일부개정]

【제정·개정이유】 고액상속재산에 대한 사후관리를 강화하는 등 상속재산 또는 증여재산에 대한 상속세·증여세의 회피소지를 축소할 수 있는 제도적 장치를 마련하는 한편, … 그 밖에 기업합병등 자본거래를 이용하여 대주주가 얻은 시세차익에 대하여 증여세를 과세하도록 하여 조세의 공평을 기함.

[법률 제4662호, 1993. 12. 31. 일부개정]

【제정·개정이유】 금융실명제의 실시에 따라 ……공익법인을 통한 우회적인 상속 및 증여의 소지를 축소하는 등 과세제도를 보완하는 한편, 현실규정의 운영상 나타난 일부 미비점을 개선·보완하려는 것임.

②공익법인이 주식을 출연받거나 취득하는 경우 종전에는 그 주식을 발행한 법인의 발행주식총액의 100분의 20의 범위내에서 출연받거나 취득하는 경우에는 증여세를 면제하였으나, 앞으로는 그 면제범위를 발행주식총액의 100분의 5로 축소.

④상속세의 신고내용을 공고하거나 사후관리를 하는 고액상속자의 범위를 종전에는 상속재산가액이 50억원이상인 자로 하였으나, 앞으로는 상속재산가액이 30억원이상인 자로 확대.

⑤법인의 증자시에 발생한 실권주를 그 실권한 주주와 특수관계에 있는 자가 재배정받는 경우에는 신주의 시가와 인수가액과의 차액을 증여받은 것으로 보아 증여세를 과세하고 있는 바, 앞으로는 특수관계에 있는 자외의 자가 재배정 받는 경우에도 과세하도록 함.

[법률 제5193호, 1996. 12. 30. 전부개정]

【제정·개정이유】

⑦차명주식을 2년이내에 실질소유자명의로 전환하지 아니하거나 이 법 시행후 새로이 차명한 주식에 대하여는 조세회피목적이 있는 것으로 추정하여 증여세를 과세하고, 법인의 주식지분을 일정율이상 보유한 최대주주의 주식에 대하여는 일반주식가격보다 10퍼센트 할증평가함.

⑧공익법인 출연재산을 출연자 및 그 친족이 사용·수익하는

경우 증여세를 과세하고 있으나, 앞으로는 당해 출연자와 특수관계가 있는 법인 및 그 임원, 출연받은 공익법인의 임원등이 사용·수익하는 경우에도 증여세를 과세하도록 하고, 동일종목 기준으로 5퍼센트를 초과하여 보유하는 주식에 대하여는 3년 또는 5년이내에 다른 종목 주식등으로 대체하여 분산보유하도록 하는 한편, 외부전문가의 세무확인을 2년에 한번씩 받도록 하고, 10년간 장부를 비치하고 보존하도록 함.

⑨상속세 과세대상이 되는 사망자중 일정 기준에 해당하는 자에 한하여 금융기관에 금융재산을 일괄조회할 수 있도록 함.

⑩인별 재산과세자료의 전산관리체계를 구축하여 고액재산가의 상속·증여에 대한 과세를 강화할 수 있는 기반을 조성함.

[법률 제5582호, 1998. 12. 28. 일부개정]

【제정·개정이유】

가. 사전증여를 통하여 상속세 및 증여세의 누진과세를 회피하는 사례를 방지하기 위하여 상속세와 증여세의 합산과세기간 및 증여재산공제기간을 5년에서 10년으로 연장함(법 제13조제1항·제47조제2항 및 제53조제1항).

다. 변칙적인 증여를 통하여 상속세 또는 증여세를 내지 아니하고 부를 이전하는 사례를 방지하기 위하여 기존의 의제증여의 유형(저가 또는 고가의 양도에 의한 의제증여, 채무면제에 의한 의제증여, 합병에 의한 의제증여 등)에 준하여 당초의 재산보유자가 제3자를 통하여 간접적으로 재산을 무상으로 이전한 경우에는 재산보유자가 증여한 것으로 보아 증여세를 부과할 수 있도록 함(법 제42조제1항).

[법률 제6048호, 1999. 12. 28. 일부개정]

【제정·개정이유】 고액재산가에 대한 세부담이 부담능력에 따라 적정하게 이루어지도록 하기 위하여 상속·증여세의 세율을 조정하고, 새로운 금융기법을 이용한 변칙적인 상속·증여를 방지하기 위하여 비상장주식의 상장차익에 대한 증여세과세제도를 도입하는 한편, 공익법인을 통한 계열회사 지배를 방지 하기 위하여 공익법인의 계열회사 주식보유를 엄격히 제한

가. 고액재산가에 대한 세부담이 부담능력에 따라 적정하게 이루어지도록 하기 위하여 상속세 및 증여세의 최고세율이 적용되는 경우를 과세표준이 50억원을 초과하는 경우에서 30억원을 초과하는 경우로 조정하고 최고세율을 45퍼센트에서 50퍼센트로 조정

다. 주식등의 상장에 따른 거액의 시세차익을 얻게 할 목적으로 상장전에 자녀 등 특수관계자에게 비상장주식을 증여하고 이를 상장하여 큰 폭의 차익이 발생한 경우에는 상장후 3월이 되는 시점을 기준으로 평가한 실제주식가액을 증여가액으로 하여

증여세를 과세함으로써 변칙적인 상속·증여를 차단

라. 공익법인이 동일회사의 주식을 5퍼센트를 초과하여 보유하는 경우 그 초과분에 대하여 1회에 한하여 액면가의 20퍼센트를 가산세로 부과하던 것을 앞으로는 매년 시가의 5퍼센트를 부과하도록 하고, 공익법인의 총재산가액중 계열회사 주식의 보유비율이 30퍼센트를 넘는 경우에는 가산세를 부과함으로써 공익법인을 통한 계열회사 지배를 억제

마. 상장주식의 평가에 있어서 가격등락에 따른 평가의 균형을 도모하기 위하여 현재 평가일을 기준으로 과거 3월간의 종가평균액에 의하도록 하던 것을, 앞으로는 과거 2월간 및 장래 2월간의 종가평균액을 감안하여 평가하도록 함

바. 최대주주가 그 보유주식을 상속·증여하는 경우 종전에는 통상의 주식가액보다 10퍼센트를 높게 평가하여 상속·증여세를 과세하였으나, 앞으로는 최대주주의 지분율에 따라 20퍼센트 내지 30퍼센트를 높게 평가하여 과세하도록 함

[법률 제6301호, 2000. 12. 29. 일부개정]

【제정·개정이유】 합병·분할·증자·감자 등을 통한 조세회피목적의 변칙증여에 사전적으로 대처하기 위하여 자본거래에 관한 증여세 과세체계를 보강하는 한편, …일정금액이상의 세액에 대하여는 분납을 허용하여 납세의 편의를 제고

[법률 제6780호, 2002. 12. 18. 일부개정]

【제정·개정이유】 고액재산가의 변칙적인 상속·증여를 방지하기 위하여 비상장주식의 상장으로 인한 시세차익에 대한 과세범위를 확대하고, 주식 등에 대한 명의개서(名義改書)를 하지 아니하는 경우 이를 명의신탁(名義信託)으로 보아 명의개서를 이용한 조세회피행위를 방지하는 한편, 경영권이 포함된 중소기업의 주식 등에 대한 평가시 할증평가율(割增評價率)을 경감하고 일부 신고불성실가산세율 인하.

[법률 제7010호, 2003. 12. 30. 일부개정]

【제정·개정이유】 현행 상속세및증여세법상 증여세 과세대상은 당사자간 계약을 전제로 한 일반적인 증여 외에도 열거방식의 증여의제 및 이와 유사한 것이 있으나 열거되지 아니한 새로운 유형에 대하여는 과세하지 못하는 문제가 있어서 과세유형을 일일이 열거하지 아니하더라도 사실상 재산의 무상이전에 해당하는 경우에는 증여세를 과세할 수 있도록 하고, 현행 증여의제 규정을 증여재산가액의 계산에 관한 예시규정으로 전환하는 등 완전포괄주의를 도입하기 위하여 법률체계를 정비하는 한편, 가업상속에 대한 연부연납기간을 연장하고, 가산세 적용방법을 개선하여 납세자의 부담을 완화.

코리아 디스카운트의 주범
상속세를 폐하라

1판 1쇄 인쇄 2024년 5월 25일
1판 1쇄 발행 2024년 5월 30일
지은이 : 서채종
발　행 : 홍기표
인　쇄 : 정우인쇄
디자인 : 이소영

글통 출판사 출판 등록 2011년 4월 4일(제319-2011-18호)
facebook.com/geultong
e메일 geultong@daum.net
팩 스 02-6003-0276
ISBN 979-11-85032-94-8

가격 : 16,800원

이 책의 판매수익 일부는 상속세 폐지운동에 사용됩니다.
상속세폐지 범국민운동본부 홈페이지: https://ccait.or.kr

* 잘못된 책은 서점에서 바꿔드립니다.